典型金融产品

法律合规指引与规则解析

张震宇 著

浙江工商大学出版社
ZHEJIANG GONGSHANG UNIVERSITY PRESS

·杭州·

图书在版编目(CIP)数据

典型金融产品：法律合规指引与规则解析 / 张震宇
著.—杭州：浙江工商大学出版社，2021.5(2023.9重印)
ISBN 978-7-5178-4414-3

Ⅰ.①典… Ⅱ.①张… Ⅲ.①金融产品－关系－金融
法－法律解释－中国 Ⅳ.①D922.280.5

中国版本图书馆 CIP 数据核字(2021)第 058788 号

典型金融产品：法律合规指引与规则解析
DIANXING JINRONG CHANPIN：FALV HEGUI ZHIYIN YU GUIZE JIEXI

张震宇 著

责任编辑	沈敏丽
责任校对	张春琴
封面设计	尚阅文化
责任印制	包建辉
出版发行	浙江工商大学出版社
	（杭州市教工路 198 号　邮政编码 310012）
	（E-mail：zjgsupress@163.com）
	（网址：http://www.zjgsupress.com）
	电话：0571-88904980,88831806(传真)
排　　版	杭州朝曦图文设计有限公司
印　　刷	浙江全能工艺美术印刷有限公司
开　　本	710mm×1000mm　1/16
印　　张	9.25
字　　数	146 千
版 印 次	2021 年 5 月第 1 版　2023 年 9 月第 2 次印刷
书　　号	ISBN 978-7-5178-4414-3
定　　价	48.00 元

序　言

近年来我国整体经济形势下行，防范金融风险，去杠杆的宏观金融政策逐步落地，《关于规范金融机构资产管理业务的指导意见》(下称"资管新规")等一系列监管细则亦陆续出台，积聚的风险逐渐爆发，大批私募基金、资管产品等出现兑付危机，违约风险事件层出不穷，暴露了大量疑难复杂的法律问题。

前述与私募基金、资管产品等金融产品相关的纠纷案件通常交易结构异常复杂，涉及多层嵌套，风险被掩盖的同时，各层委托人与受托人之间的权利义务性质鉴定困难，各自应承担的责任边界亦难以判断；另外，金融产品底层投资涉及的差额补足、让与担保等新型增信方式的定性、相关主体的权责分配等问题在传统民法担保、债务承担等规则框架内已无法取得圆融解决。快节奏的金融创新背景下我国金融领域法律规则供给不足的弊端逐渐暴露。最高人民法院亦深刻意识到此问题，在紧密结合司法审判实践并经充分征求各界意见建议的基础上出台了《全国法院民商事审判工作会议纪要》(下称"《九民纪要》")，对金融领域的部分难点、重点问题予以积极回应。

作为长期专注于金融领域资管、基金业务合规及风险处置的专业律师，近几年来，笔者带领团队办理了大量疑难复杂且具代表性的案件，积累了丰富的实操经验，并对私募基金及资管领域的监管政策及法律适用有了更深刻的理解。因此笔者特著此书。此书分私募基金及资管产品两篇，均以投资者维权路径的探讨为落脚点展开详细探讨。为使读者对私募基金及资管产品有较为完整的认知，同时营造循序渐进的阅读体验感，本书所探讨之内容不完全局限于投资者维权路径。就此，笔者从本书的结构编排着手进行了充分考量。私募基金篇，笔者在从宏观角度梳理回顾私募基金在中国发展演进、监管历程及从微观角度深度解读私募基金核心属性的基础上，从维权方法论的角度对当前私募投资者通常采取的诉讼维权策略展开分析解读，以期对私募机构后续的合规展业及投资者后续的理性规范投资有所助益；资管产品篇，笔者在从宏观角度梳理呈现我国资管行业业务版图、监管动态及从微观角度总结提炼典型资管产品交易结构、投资路径的基础上，从维权主体论的角度对当前资管产品投资者可能诉诸的维权对象展开分析解读，以期对资管机构后续的产品结构设计及投资者后续的维权思路拓展有所助益。

本书开展的研究及探讨仅是开端。在《关于全面推进证券期货纠纷多元化解机制建设的意见》等文件陆续出台，金融领域专业调解如火如荼开展的时代机遇下，如何更好地运用当前已有的实践及理论成果助力调解事业发展，缓解法院、仲裁机构等近年来金融纠纷化解工作爆发式增长但办案人员、经验有限的紧迫现状是我们需要思考的更长远的命题；与此同时，在互联网技术的广泛应用使信息采集及信息分析工作一站式完成成为可能的基础上，如何更好地运用当前已有的实践及理论成果助力金融监管部门的金融风险监测及化解工作，包括但不限于协助金融监管部门构建不断完善的私募风险监测模型等是我们需要探讨的更前沿的课题。

希望以本书研究成果为媒介，建立与广大金融从业者之间交流学习的桥梁，共同探讨，共同进步，为规范我国大资管行业可持续地长远稳健发展，推动我国金融消费者权利保护体系的构建及完善贡献力量！是为序。

［ 目 录 ］

私募基金篇

资管产品篇

私募基金篇

本篇致力于对私募基金展开深入的分析解读。私募基金在中国市场发展缘起、野蛮生长到逐步回归理性的历程,是改革开放以来收入日益增长的人民财富管理的体验史,亦是政府主管部门摸着石头过河的私募监管规则探索完善史。

因此,本篇第一章对私募基金在中国的发展演进、监管历程进行相应梳理回顾,从而揭示2018年以来私募爆雷、投资者无序维权的内在机理。笔者致力于通过对该大背景的分析解读,使市场各参与主体充分汲取历史经验,进一步明晰未来私募行业发展方向,为其日后更加理性地参与私募投资奠定坚实基础。第一章立足于私募历史发展的宏观视角,致力于为各位读者深入理解中国私募基金建立相应的时代场域。

第二章围绕私募基金的概念定义展开讨论,从微观视角深度解读私募基金两大核心要素,即"非公开募集"和"投资属性"。在此基础上,笔者进一步探讨了私募基金不同的组织形式及不同组织形式下投资者与管理人之间相应的法律关系。基于前述法律构造层面的细致解读,读者将更能理解为何事实情况相似的私募基金维权案件,有的裁判机关认定为民间借贷,有的则认定为委托理财。在私募基金发展不成熟的市场环境下,全国各地司法裁判方式各有差异。

基于前述两章宏观及微观视角下对私募基金进行的解析,读者能对私募基金的内涵及外延有较为全面的认知。本篇的末章,笔者作为长期大量处理私募类争议解决案件的律师,拟从维权方法论角度对当前私募投资者通常采取的诉讼维权策略展开探讨。笔者立足于单一私募基金产品从诞生到消亡的生命历程(即私募基金的"募、投、管、退"四阶段),并借助大量的司法裁判案例数据,聚焦其中涉及的焦点、难点法律问题并展开论证分析。笔者期望借由对私募基金发展历程中历史教训的梳理、总结和分析,对私募机构后续合规展业及投资者后续理性规范投资有所助益,并进一步实现促进私募基金市场持续规范发展之愿景。

第一章 探索中前进的中国私募发展史

根据中国证券投资基金业协会(下称"中基协")官方发布的中国私募基金行业数据报告①,截至 2020 年 8 月末,存续私募基金管理人 24447 家,管理基金数量 89784 只,管理基金规模 15.02 万亿元。而根据国家统计局发布的数据,我国 2019 年全年国内生产总值(GDP)为 99.0865 万亿元。通过比较该组数据可见,我国私募行业具有较大的规模和体量。拉长时间观察维度,私募市场呈现出持续稳健的发展态势。

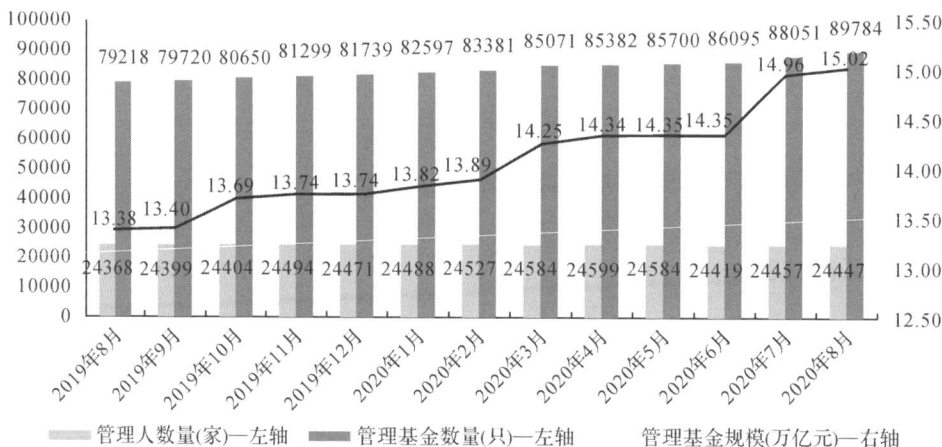

图 1-1 2019 年 8 月—2020 年 8 月存续的私募基金管理人及管理的私募基金情况

如上述数据所呈现,私募行业已成为中国金融市场中不可忽视的重要组成

---

① 报告具体名称为《私募基金管理人登记及产品备案月报(2020 年 8 月)》(访问地址：https://www.amac.org.cn/researchstatistics/report/zgsmjjhysjbg/202009/P020200911593524727057.pdf)。

部分。纵观现实生活,私募基金在扶持实业经济发展、促进社会资本流通及运转等方面均发挥着重要作用。但实际上私募基金正式纳入监管轨道的发展历程并不长,2012 年 12 月 28 日经全国人大常委会审议通过修订并于 2013 年 6 月 1 日起施行的《中华人民共和国证券投资基金法》(下称"《证券投资基金法》")首次从法律层面将私募基金纳入规制调整范围,方赋予其正式法律身份。

第一节　由并行走向统一的私募发展路线

《证券投资基金法》通常被认为系当前私募行业位阶最高的法律规范,是诸多监管规定及行业自律规则的纲领性文件。但因其名称中明确指向"证券投资",关于其是否适用于私募股权投资基金等除私募证券投资基金以外的其他私募基金,理论及实务界一直存在较大争议。围绕该争议,笔者对私募基金的发展历程进行梳理回顾,借此可以清晰地窥见在我国由并行走向统一的私募基金历史发展路线。

一、《证券投资基金法》适用范围之争

按私募基金所投底层标的不同,私募基金主要可分为私募股权投资基金(主要投向未上市企业股权)、私募证券投资基金(主要投向上市交易的股票、债券及国务院证券监督管理机构规定的其他证券及其衍生品种)及其他类私募投资基金(概括指前述两种私募基金以外的其他私募基金①)。根据上述分类并结

---

① 随着私募基金监管的进一步精细化发展,2018 年 8 月 29 日,中基协发布的《私募基金登记备案相关问题解答(十五)》明确了私募资产配置基金这一类别,其指主要投资于各类别私募基金以及公募基金或其他依法设立的资产管理产品的私募基金。笔者统一将其纳入"其他类私募投资基金"中概括表述,特此说明。

合《证券投资基金法》第二条①及第一百五十三条②规定内容,普遍观点认为《证券投资基金法》原则上只适用于私募证券投资基金,暂未将私募股权投资基金等纳入其规制范围。该观点亦可在深度参与《证券投资基金法》修订研讨的学者及监管工作人员所撰写的理论文章中获得印证。如《证券投资基金法修改中的创新与不足》一文明确指出,"因为监管职能分配上的冲突和私募主体对私募股权投资基金纳入《基金法》③调整上的误解,私募的股权投资基金、创业投资基金都没有纳入《基金法》的调整范围之内"④。

结合前述对《证券投资基金法》规定内容的文义解释及历史解释,私募证券投资基金以外的私募基金非属《证券投资基金法》调整范围的结论似较为明确。但颇值关注的是,2014年中国证券监督管理委员会(下称"中国证监会")发布的《私募投资基金监督管理暂行办法》及2016年中基协发布的《私募投资基金信息披露管理办法》等公认以全部类型的私募基金为调整对象的部门规章及自律规则均无一例外地将《证券投资基金法》作为上位法依据,且其从未在规则的适用范围上做特别说明。另在涉及私募股权投资基金等民事纠纷案件中,法官亦通常援引《证券投资基金法》条款作为裁判说理的依据。

从应然的私募立法逻辑层面考量,《证券投资基金法》作为位阶较高的法律,其以全部类型的私募基金为调整对象显然是更加妥当的,可进一步为私募基金在我国存在及发展的合法性正名。但应意识到《证券投资基金法》修改中存在此项不足与私募基金在我国特殊的发展进程密不可分。私募证券投资基金和私募股权投资基金因不同侧重的市场主体需求分别在中国萌芽,并在中国

---

① 《证券投资基金法》第二条:在中华人民共和国境内,公开或者非公开募集资金设立证券投资基金,由基金管理人管理,基金托管人托管,为基金份额持有人的利益,进行证券投资活动,适用本法;本法未规定的,适用《中华人民共和国信托法》《中华人民共和国证券法》和其他有关法律、行政法规的规定。

② 《证券投资基金法》第一百五十三条:公开或者非公开募集资金,以进行证券投资活动为目的设立的公司或者合伙企业,资产由基金管理人或者普通合伙人管理的,其证券投资活动适用本法。

③ 即指前文所提《证券投资基金法》,下同。

④ 刘运宏、卫学玲:《证券投资基金法修改中的创新与不足》,载《证券法苑》(2013)第八卷,第134、135页。

证监会、国家发展和改革委员会(下称"国家发改委")及科技部等不同主管部门的引导下并行发展,后因顶层设计思路的调整,私募基金在我国的发展最终走向统一。

二、融资方需求及政策导向推动发展的私募股权投资基金

我国对私募股权投资基金的探索最早始于风险投资领域。1985 年 3 月 13 日,中共中央做出《关于科学技术体制改革的决定》,明确指出"对于变化迅速、风险较大的高技术开发工作,可以设立创业投资给以支持"。1986 年,中国境内第一家以从事创业投资为目的的公司——中国新技术创业投资公司经国务院批准后成立(国家科委、财政部系主要发起股东)。自此,创业投资/风险投资行业在中国兴起。后各级地方政府陆续成立高新技术开发区并在园区成立创业风险投资基金助推高新技术成果转化。该模式也在国务院 1991 年发布的《国家高新技术产业开发区若干政策的暂行规定》①中获得确认与重申。1992 年美国国际数据集团(IDG)出资 1 亿美元设立美国太平洋技术风险投资基金,在我国开启外资创业风险投资机构投资。1995 年中国人民银行发布《设立境外中国产业投资基金管理办法》。此后,国外私募股权投资基金陆续进入我国投资市场。

1999 年,国务院办公厅转发科技部等七部委的《关于建立风险投资机制的若干意见》后,我国曾掀起设立创业投资企业的热潮。但由于配套法规未及时跟进完善,至 2000 年 8 月,市场参与热情有所回落。意识到前述问题后,为激发创业投资市场活力,立法机关及相关国家部委从创业投资企业的组织形式、政策扶持机制等方面均展开了持续探索。如为鼓励外国投资者来我国境内设立外商投资企业从事创业投资,2002 年,科技部等五部委联合发布的《外商投资创业投资企业管理规定》突破性规定外商投资创业投资企业除公司制外还可采取非法人制组织形式。2005 年,国家发改委牵头十部委联合制定发布《创业投

---

① 《国家高新技术产业开发区若干政策的暂行规定》第六条第(三)项规定:有关部门可在高新技术产业开发区建立风险投资基金,用于风险较大的高新技术产品开发。条件比较成熟的高新技术产业开发区,可创办风险投资公司。

资企业管理暂行办法》,该规定对创业投资企业、创业投资等概念进行了详细阐述,明确对创业投资企业实行备案管理①,并对创业投资企业可提供的特别法律保护及扶持政策进行了细化落实。2006 年,全国人大常委会修订《中华人民共和国合伙企业法》(下称"《合伙企业法》"),正式将"有限合伙企业"制度纳入,使得我国具备国际市场通用的有限合伙组织形式的基金,推动了私募股权投资基金在中国的进一步发展。

萌芽及探索时期的私募股权投资基金主要在我国科技领域取得了较大发展,因科技领域重技术轻资产,技术研发的不确定性导致其资金需求量较大,强调稳健并关注增信保障的传统信贷融资对其支持力度较小,融资方需要风险承受能力更强及利益绑定程度更高的股权投资方加入。在该历史背景下,私募股权投资基金得以在我国萌芽、发展,政府出资及政策导向支持在其中发挥了巨大作用。该时期出台的一系列政策文件也表现出多部门联合管理的显著特点,国家发改委、科技部、财政部、商务部等部委均参与其中。2011 年 1 月和 2011年 11 月,国家发改委连续印发《国家发展改革委办公厅关于进一步规范试点地区股权投资企业发展和备案管理工作的通知》和《国家发展改革委办公厅关于促进股权投资企业规范发展的通知》,通过这两份通知统一将私募股权投资基金的监管权收拢至国家发改委。

三、投资方需求及资本市场建设推动发展的私募证券投资基金

改革开放之后我国经济快速发展,居民收入大幅增长,民间资金充裕,民间财富管理需求急速增长。1990 年底,上海证券交易所、深圳证券交易所先后成立,我国证券交易市场逐渐起步发展,带来大量投资机会。20 世纪 90 年代末,证券投资圈内部分主体开始代客理财,这是我国私募证券投资基金发展的雏形。

2001 年 10 月 1 日起施行的《中华人民共和国信托法》(下称"《信托法》")梳

---

① 《创业投资企业管理暂行办法》第三条规定,国家对创业投资企业实行备案管理。凡遵照本办法规定完成备案程序的创业投资企业,应当接受创业投资企业管理部门的监管,投资运作符合有关规定的可享受政策扶持。未遵照本办法规定完成备案程序的创业投资企业,不受创业投资企业管理部门的监管,不享受政策扶持。

理了我国契约型证券投资基金的法律关系,为2003年出台的《证券投资基金法》奠定了坚实的组织法基础。《证券投资基金法》自1999年始组建立法起草小组,立法推进过程中争论激烈。2002年8月23日,全国人大财政经济委员会副主任委员厉以宁在第九届全国人大常委会第二十九次会议上,所做关于《中华人民共和国证券投资基金法(草案)》的说明最终明确:"风险投资基金和产业投资基金虽然也属投资基金,但因目前在我国处于刚起步阶段,且与证券投资基金有较大差异,经过认真讨论和研究,并征求国家发展计划委员会①和科技部意见,本法调整范围也不包括这两类基金。"除前述将规制的基金的投资范围限定为证券投资外,2003年出台的《证券投资基金法》另一显著特点在于其并未将私募基金纳入调整范围。也即私募基金当时仍处于地下生长阶段,所管理资金募集方式的合规性,证券、投资咨询业务领域较强的国家管制色彩②及投资经理及/或其所在公司与所管理财产无法进行法律意义上的相互隔离等一系列问题使其一直处于灰色地带,发展较为缓慢。

2004年2月20日,赵丹阳的深圳赤子之心资产管理有限公司作为投资顾问与深圳国际信托投资有限责任公司合作成立"深国投·赤子之心(中国)集合资金信托计划",该产品被业内视为国内首只阳光私募基金③。回顾该产品的具体构造,其将投资者资金的募集与私募机构对投资标的的判断筛选两项职能拆分,分别交由不同的主体完成,前者交由具有募资牌照的信托公司,后者交由私募机构。此举将私约资金改造为资金信托,在投资者与信托公司之间建构起信托法律关系,资产完成法律意义上的隔离。另信托公司与投资机构之间成立委托投资法律关系,前者可对后者进行有效的监督制约。资金募集、托管的规范化及产品信息披露机制的逐步建立,使民间私募基金逐渐从地下走向阳光。

---

① 国家发展计划委员会系国家发展和改革委员会的前身。

② 《证券、期货投资咨询管理暂行办法》(1998年11月30日实施)第三条规定,从事证券、期货投资咨询业务,必须依照本办法的规定,取得中国证监会的业务许可。未经中国证监会许可,任何机构和个人均不得从事本办法第二条所列各种形式证券、期货投资咨询业务。

③ 阳光私募基金是指借助信托公司发行的、经过监管机构备案、资金实现第三方银行托管、有定期业绩报告的投资于股票市场的基金。

私募机构较之大型公募基金体量较小，但运作更为灵活，对基金经理的薪酬激励亦更具弹性。2007年、2009年市场上出现两波"公奔私"热潮，诸多实力强劲并在圈内颇有名气的公募基金经理转投私募，私募行业不断发展壮大。与此同时，中国银监会2009年1月印发《信托公司证券投资信托业务操作指引》，系第一个规范证券类信托产品的文件。该文件的颁布不仅意味着阳光私募模式获得监管的正式认可，同时间接反映了当时阳光私募不断增长的市场体量，引起了监管机构充分的关注与重视。据格上研究中心的数据，截至2013年12月，阳光私募行业运营的产品数量共计2472个，管理规模已达到3017亿元，全国迅速涌现出977家阳光私募机构（不包括信托公司、银行以及证券公司）。

阳光私募的市场发展如火如荼，来自公募的基金经理亦为阳光私募带来了规范的运作理念，但私募之前仍冠以"阳光"，私募机构无法自行完成前端募资，仅作为产品投资顾问存在。阳光私募基金实系资金信托计划，私募机构仅系分担了信托公司作为产品管理人的部分职能，亦即该时期的私募基金实际上并不完整。

2012年修订的《证券投资基金法》改变了这一困局，修订后的《证券投资基金法》增加第十章"非公开募集基金"章节，确立了与公募基金并列的，包含"募、投、管、退"完整生命周期的私募基金的法律地位。但如前文所述，在该立法脉络下，纳入规制的主要系私募证券投资基金，其监管权限与公募基金一并归属于国务院证券监督管理机构即中国证监会。

四、证监会统一监管下的私募发展

通过上文对我国私募股权投资基金①及私募证券投资基金发展历程的详细梳理可知，两者在不同的市场需求激发下萌芽，同时长期受不同的监管部门管理，监管思路及尺度不尽相同。《证券投资基金法》在1999年始的起草及2012年的修订过程中对该法调整范围（核心在于是否将私募股权投资基金一并纳入

---

① 笔者在本篇中不对创业投资基金（主要向处于创业各阶段的成长性企业进行股权投资的基金）及私募股权投资基金进行进一步细致区分，将创业投资基金视为私募股权投资基金的重要组成部分，特此说明。

调整)及私募基金监管职能承担主体的激烈探讨不曾停息。在私募行业不断发展的背景下,多部门分头监管的弊端逐渐显现,顶层设计在该方面亦有所规划考量。2013 年 6 月,中央机构编制委员会办公室(简称中央编办)印发《关于私募股权基金管理职责分工的通知》,明确将包括创业投资基金在内的私募股权投资基金的管理职责赋予证监会,由证监会负责组织拟订监管政策、标准和规范等。以此为起点,证监会主导的将私募证券投资基金和私募股权投资基金及市场上以期货、期权、艺术品、红酒等为投资对象的其他种类私募投资基金均纳入调整范围的《私募投资基金监督管理暂行办法》着手制定①,于 2014 年 6 月 30 日审议通过,并于 2014 年 8 月 21 日正式实施。

2014 年 1 月 17 日,中基协发布《私募投资基金管理人登记和基金备案办法(试行)》,私募备案制正式落地,同年 2 月 7 日起正式施行。证监会授权中基协办理私募基金管理人登记及私募基金备案,对私募基金业务活动进行自律管理,由此开启了中基协备案管理新时代。2014 年 3 月,中基协为首批 50 家私募机构发放私募基金管理人登记证书,取得资格的私募机构可以从事私募证券投资、股权投资等业务,成为资管行业正规军。自此私募机构从投资顾问华丽转型为提供全流程资产管理服务的管理人。

前述备案制落地后,中基协秉承宽进自律的监管原则。2014 年 5 月,国务院发布的新"国九条"(即《国务院关于进一步促进资本市场健康发展的若干意

---

① 　根据《私募投资基金监督管理暂行办法(征求意见稿)》的起草说明:新修订的《证券投资基金法》首次将非公开募集证券投资基金纳入调整范围,根据法律授权,中国证监会应就非公开募集证券投资基金即私募证券基金制定相应的管理办法。2013 年 6 月,中央编办发布通知,明确将包括创业投资基金在内的私募股权基金的管理职责赋予中国证监会,中国证监会负责组织拟订监管政策、标准和规范等。据此,中国证监会在反复调研论证基础上,草拟形成了《私募投资基金管理暂行条例(草案)》,并在征求国务院有关部门意见后于 2014 年年初上报国务院。2014 年 5 月发布的《国务院关于进一步促进资本市场健康发展的若干意见》(国发〔2014〕17 号)中明确提出发展私募投资基金,并要求按照功能监管、适度监管的原则,完善股权投资基金、私募资产管理计划、私募集合理财产品、集合资金信托计划等各类私募投资基金产品的监管标准。考虑到《条例》出台还有个过程,为适应私募证券基金和私募股权基金监管需要,促进各类私募基金健康规范发展,落实新"国九条"的要求,中国证监会研究起草了《私募投资基金监督管理暂行办法(征求意见稿)》,拟以中国证监会部门规章形式发布实施。

见》）中亦再度重申：私募基金应本着适度监管原则，私募发行不设行政审批，但需确保事中事后监管。"宽进"不设门槛的准入条件下，新设私募机构如雨后春笋般批量崛起，私募基金产品发行的数量呈井喷之势。截至 2016 年 1 月底，已登记私募基金管理人 25841 家，已备案私募基金 25461 只，认缴规模 5.34 万亿元，实缴规模 4.29 万亿元，私募行业的从业人员 38.99 万人①。

私募市场体量疯狂增长的背后，风险亦在不断积聚。市场上私募机构规范程度参差不齐，宽松监管未达到真正"自律"的效果。部分私募机构备案信息失实现象严重，2015 年 12 月，中基协启动对北京地区私募基金管理人入会申请信息核查工作，在被核查的 397 家管理人中，超过 50％的机构登记备案信息与事实有出入②。部分私募机构违规展业现象严重，2015 年 5 月中基协建立投诉登记制度至 2016 年 3 月，针对私募基金的投诉事项共 495 件，占比高达 85％③。不少私募机构甚至利用低门槛准入的备案牌照非法自我增信，以私募基金为名开展非法集资等违法违规活动。私募行业乱象丛生。监管部门亦强烈地意识到备案的私募机构快速扩容带来的金融风险累积，2015 年 12 月 17 日，时任中国证券投资基金业协会会长洪磊在"新金融、新动力"论坛上发表讲话时指出：与私募业务的蓬勃发展相比，私募监管有所滞后，违规募集成为私募基金乱象之源。面对私募基金募集运作不规范、行业信用风险不断加大的现实，中基协正在推出若干自律举措。

2016 年被称为我国私募监管元年。2016 年 2 月 5 日中基协发布《关于进一步规范私募基金管理人登记若干事项的公告》，提出了废止私募基金管理人登记证明、对长期空壳私募进行注销、对未及时履行信息报送的进行严惩、引入法律中介机构尽职调查、提高对高管资质要求等五大措施，全面抬高了私募行

---

① 《中国基金业协会负责人就发布〈关于进一步规范私募基金管理人登记若干事项的公告〉答记者问》，访问地址：https://www.amac.org.cn/governmentrules/czxgf/zlgz/zlgz_smjj/zlgz_smjj_glrdj/201912/t20191222_7614.html。

② 《中基协洪磊：加强私募自律管理 建设行业社会信用》，访问地址：http://finance.66wz.com/system/2016/03/24/104775290.shtml。

③ 《中基协洪磊：加强私募自律管理 建设行业社会信用》，访问地址：http://finance.66wz.com/system/2016/03/24/104775290.shtml。

业的准入门槛。自 2016 年 2 月始，中基协陆续发布了一系列监管新规，旨在构建"7＋2"自律规则体系。该体系主要包括 7 个自律管理办法和 2 个指引。7 个管理办法包括：募集办法①、登记备案办法②、信息披露办法③、从事投顾业务办法、外包服务管理办法④、托管业务办法、从业资格管理办法⑤。2 个指引包括：内部控制指引⑥、基金合同指引⑦。前述办法和指引初步构建起私募基金的监管框架。除此之外，中基协针对私募市场最新动向持续更新私募基金登记备案相关问题解答，至 2018 年 8 月 29 日已更新至解答十五；在总结实务监管经验的基础上，中基协先后于 2018 年 1 月 12 日及 2019 年 12 月 23 日分别发布了《私募投资基金备案须知》，持续强调要求私募基金回归专业本源。

如上所述，为推动私募行业长期健康稳定发展，中基协持续发力，在探索中不断砥砺前行。但中基协在性质上属行业自律组织，中基协发布的一系列规范属于行业自律规则。自律管理和行政管理之间的边界问题在私募行业一直颇为模糊且长期存在争议。顶层在此方面有所布局，但在现实的拉锯中，相关法律法规的落地历程并不顺畅。2017 年 8 月 30 日，国务院法制办公室对外发布其与中国证监会共同起草的《私募投资基金管理暂行条例（征求意见稿）》并公开征求意见。该条例自 2016 年起至 2020 年连续四年被纳入国务院年度立法工作计划，但至今未正式出台。私募暂行条例"难产"的具体原因不得而知，但实践中中国证监会及其派出机构实施行政监管措施规则供给不足的问题始终存在。就此，2020 年 9 月 11 日，中国证监会发布《关于加强私募投资基金监管的若干规定（征求意见稿）》，进一步就加强私募基金行业监管，打击各类违法违

① 《私募投资基金募集行为管理办法》于 2016 年 4 月 15 日发布，自 2016 年 7 月 15 日起施行。

② 《私募投资基金管理人登记和基金备案办法（试行）》于 2014 年 1 月 17 日发布，自 2014 年 2 月 7 日起施行。

③ 《私募投资基金信息披露管理办法》于 2016 年 2 月 4 日发布并施行。

④ 《私募投资基金服务业务管理办法（试行）》于 2017 年 3 月 1 日发布并施行。

⑤ 2019 年 12 月，中基协就《基金从业人员资格管理办法（试行）（征求意见稿）》征求意见。

⑥ 《私募投资基金管理人内控指引》于 2016 年 2 月 1 日发布并施行。

⑦ 《私募投资基金合同指引 1－3 号》于 2016 年 4 月 18 日发布，自 2016 年 7 月 15 日起施行。

规行为的相关问题进行了详细规范。2021年1月8日,前述规定正式发布,监管威慑力度显著增强。私募严监管在持续推进过程中,随着私募市场不断深入发展、优胜劣汰,监管也逐步精细化、精准化。

第二节　私募发展热潮中的阵痛与原因解析

2014年私募备案制开闸时低准入门槛、过度宽松的监管环境下积聚的风险随着2016年监管口径的收紧有所缓释,但并未彻底消解。自2017年始,我国整体经济形势下行,防范金融风险、去杠杆的宏观金融政策逐步落地,积聚的风险大面积爆发,大批私募基金出现兑付危机,违约风险事件层出不穷。部分投资者通过诉讼手段向私募机构提起权利主张;部分投资者通过监管投诉,甚至刑事报案等途径开展维权。以2018年6月上海阜兴实业集团有限公司旗下私募机构集中爆雷为标志性事件,我国掀起一阵猛烈而持久的私募爆雷潮。不同以往单项的风险事件,此次私募爆雷潮由点及面,逐步成蔓延之势,并溢出私募行业内部对其他金融机构如银行、证券公司、信托公司等乃至整个经济社会产生影响且持续发酵,对当前金融市场的安全稳定产生冲击。

结合前述笔者对我国私募行业发展历史的详细梳理及笔者团队近年来组织的多次私募专项调研及主题研讨,本次私募爆雷潮的产生主要有以下几方面原因。

一、私募合规监管体系缺位

此次私募爆雷潮中合规监管体系并未起到风险预防作用,在风险应对上亦存在较大漏洞,一定程度上加剧了风险蔓延:

(一)缺乏明确的上位法指导

自《证券投资基金法》2012年修订首次纳入私募基金以来,私募行业高速发展。私募基金专业化发展趋势日趋明显,但现行《证券投资基金法》是否完全适用于股权类及其他类私募基金存在争议。国务院拟出台的行政法规《私募投资基金管理暂行条例》数次公开征求意见,至今仍未施行。作为当前私募领域主要监管指导规范的《私募投资基金监督管理暂行办法》仅系中国证监会部门规章,位阶较低。私募领域法律层面的规范内容适用不明,行政法规层面的规范内容缺失,导致实践中开展相关监管活动、编制相关监管政策缺乏上位法指导及纲领性指引。

(二)体系性的监管逻辑有待理顺

目前我国私募行业的合规监管,以碎片化的监管政策为主,且事前监管与事后监管割裂较为严重,缺乏体系化的协调与统筹。

事前监管主要包括私募机构及私募产品的登记备案等标准的制定、审核。在该层面,中基协发挥核心作用,但中基协仅系行业自律组织,其发布的大量自律规则、中基协领导讲话、窗口指导意见的效力及其自身监管地位、权力行使的正当性等均有待商榷,监管透明度亦颇受诟病。

事后监管主要包括针对私募机构违规展业的警告训诫、监管处罚及针对风险处置的组织、监督等。从中央层面的中国证监会,到地方层面的证监局、金融办,从行政监管部门到行业自律组织中基协,私募行业事后监管涉及监管部门数量众多,面临多龙治水问题。且各监管部门之间,缺乏统一规范与协调,监管力量未能形成合力。同时,由于各监管力量信息互通不畅,彼此之间存在信息壁垒,部分情况无法第一时间同步反馈至各监管部门,直接导致相关监管活动的滞后。另外,针对私募基金的目前体量,现有监管人员配置明显不足,而监管机构、中基协与外部中介机构的常态化合作机制也并未有效建立,导致目前对于私募基金行业的事后监管明显不足。

由于当前私募行业体系性监管的缺乏,亡羊补牢事件不断上演。与此同时,当前监管体制过度偏重事后弥补与惩戒,缺乏必要的事前防范与预警,亟待强化。

(三)中基协缺乏地方行业协会协助配合

且不论中基协当前监管角色的正当性,就其相关自律管理规则的制定、落实推行而言,基本依赖其自身,缺乏地方私募行业协会的配合与支持,造成了"中央"与"地方"割裂的现状。且当前各地私募行业协会较为松散,自律活动开展程度参差不齐。中基协只能依赖"私募自查活动"实现对各地私募机构及产品存续期间运行情况信息的直接收集掌握,工作量庞大但信息覆盖面有限。当前中基协工作开展过程中存在较大的短板,一定程度上影响其作用的发挥。

二、私募行业过度追求体量增长,漠视合规风险

除上文所述,国家私募合规监管体系顶层设计存在一定不足外,此次私募爆雷潮的触发还与私募机构违规展业、粗放发展密不可分。

(1)过度迎合市场需求,包装掩饰风险。由于市场偏好固定收益类产品,部分爆雷私募机构一方面为吸引投资者投资,另一方面为形式上符合监管要求,人为增加交易结构的复杂性,通过设立投资载体等形成资金池,对外承诺固定收益,进行产品期限错配。前述违规操作导致风险不断加剧,最终引发私募爆雷。如金诚集团旗下的私募产品主要投向特色小镇项目,根据财政部《关于推进政府和社会资本合作规范发展的实施意见》,规范的 PPP 项目合作期限原则上在 10 年以上。但金诚集团旗下的私募产品融资期最短可达 24 个月,年化收益率高达 7%—8%,甚至达到 10.5%。项目的投资回报周期、回报率与私募产品周期、收益率严重不匹配①。2018 年 5 月,浙江证监局发布《关于对浙江金观诚财富管理有限公司采取责令改正并暂停办理基金销售相关业务措施的决定》,对金观诚财富采取责令改正并暂停办理基金销售认购和申购业务 6 个月的监督管理措施②。此后,金诚集团旗下基金产品期限错配的风险日益显现,无法兑付巨额资金,引发百亿私募爆雷。

(2)资金托管流于形式,资金挪用现象严重。私募产品资金托管以形式审查为主,资金一旦从托管户划出即无法进行持续动态监控。部分爆雷私募机构据此进行形式走账,违规挪用资金,变相掏空基金资产。如 2018 年 6 月底,资产管理总额超过 350 亿元的阜兴集团实控人朱一栋失联,涉及旗下四家私募机构,中国证监会相关人士向阜兴系投资者代表披露朱一栋将其中部分资金用于大连电瓷,涉嫌违规挪用资金炒股③。2018 年 7 月,投资者到阜兴系私募产品

---

① 根据时代周报报道,访问地址:https://www.xianjichina.com/news/details_118104.html。

② 具体可参见证监会浙江监管局官网,访问地址:http://www.csrc.gov.cn/pub/zhejiang/zjcxxx/201901/t20190118_349956.htm。

③ 根据财联社报道,访问地址:https://baijiahao.baidu.com/s?id=16191861981810040502&wfr=spider&for=pc。

资金的托管行追问所投资金流向问题。投资者代表也与银行进行相关谈判①。行业协会及社会各界亦就托管银行的法定职责界限展开了持久而热烈的争辩。

（3）合规风控意识淡薄。部分爆雷私募机构业务拓展激进,过度追求业务体量增长,内部风控部门处于边缘地位,风控措施浮于表面,私募机构未能通过尽职调查等方式充分了解交易对手资信情况,甄别底层资产从而识别并规避投资风险。

（4）类金融业务风险传导。部分爆雷私募机构不仅拥有私募基金管理人牌照,其关联方还同时兼营 P2P、P2B、民间借贷、融资租赁等类金融业务,前述业务未与私募业务有效隔离,部分财产存在混同,一旦某一业务出险,风险迅速传导,引发私募爆雷。

三、投资者缺乏理性投资精神

投资者在此次私募爆雷潮中损失惨重,部分投资者甚至家破人亡,令人同情。但深度反思,投资者投资偏好思维定式及风险识别能力、风险自担意识匮乏等原因,一定程度上为此次私募爆雷潮推波助澜。

首先,投资者过度迷信刚性兑付,偏好固定收益类产品,在此种市场氛围下,私募机构兜底回购、承诺保本等违规行为频发,加剧私募行业乱象。其次,投资者专业投资知识匮乏,筛选投资产品仅关注收益、期限等外在表征,未深入了解产品底层资产及风控措施等核心要素,无法准确识别产品风险,给违规私募机构以巨大的发展空间及操作便利。此外,投资者风险自担的投资意识淡薄,一旦产品底层出险未按约兑付,无法自行消化正常存在的投资风险即进行抗议维权甚至刑事报案,极易引发社会群体性事件,一定程度上影响社会安全稳定。

第三节　私募行业良性有序发展的反思与建议

针对上述总结提炼的私募爆雷具体原因,建议采取如下针对性措施,构建

---

① 根据经济观察报社报道,访问地址:https://baijiahao.baidu.com/s? id=1606866461167435340&wfr=spider&for=pc。

完善私募合规监管体系，助力私募行业良性有序发展：

一、完善基金行业立法顶层设计，加强配套规则制定

建议启动《证券投资基金法》修法程序，突破其以证券类投资基金为立法原型的局限，将该法律的规制对象定位为"基金"（具体涵盖公募基金、私募基金两大基础分类），从而使股权类及其他类私募基金等亦能纳入"私募基金"的监管体系下，从基础法律层面理顺监管逻辑。同时，需通过立法解决各类基金的法律适用冲突问题〔合伙型基金根据《证券投资基金法》与《合伙企业法》规定的法律关系各不相同、公司型基金根据《证券投资基金法》与《中华人民共和国公司法》（下称"《公司法》"）规定的法律关系各不相同、基金管理人与普通合伙人主体界定等问题〕。其次，建议加快《私募投资基金管理暂行条例》的出台及适用进程，完善现有私募监管法律法规体系。最后，建议中国证监会结合此前发布的《证券期货经营机构私募资产管理业务运作管理暂行规定》等部门规章并提炼部分中基协发布的自律规则的核心内容，有针对性地加强私募基金领域的部门规章的规划制定。立法先行，加快推动私募行业告别野蛮生长，不断朝着规范化、制度化方向发展。

二、构建统一监管体系并加强监管联动，打破信息壁垒

首先，须打破当前私募行业事先监管与事后监管割裂的状态，建议中国证监会及其派出机构逐步介入事先监管的序列中，构建以中国证监会为核心的统一、协调、多元的监管体系，改变行业当前存在的多龙治水、各自为政的问题，实现监管网络的全覆盖。其次，要打破各监管部门之间的信息壁垒，可构建相关监管数据分析网络、数据库等，让私募行业监管信息实现互通，协助各监管部门及时全面地掌握私募行业情况，实现精准监管。

三、参照地方证券业协会设置，推进地方私募基金业协会组建

若需长期维持当前以中基协为核心的合规监管体系，则当务之急须加快推进各省私募基金业协会的组建或深化整合，就此，中基协可参照地方证券业协会设置规则，将部分事务分配至各地方协会，由地方协会配合中基协进行全国

私募基金监管工作,包括监管信息采集、意见征求、实地查访等。地方协会的组建,便于充分了解各地不同的现实情况及痛点需求,在监管的政策贯彻中充分吸收各地意见反馈,从而使规则内容不断优化,促进私募行业的良性稳健发展。

四、推动私募行业纠纷调解机制建立,促进私募纠纷多元化解

在推动地方私募基金业协会组建或深化整合的基础上,可同步跟进私募行业纠纷调解机制的建立与实践。私募行业纠纷调解可分为实质性调解与维稳性调解,前者主要针对投资者与私募机构之间的民事索赔纠纷,目前广州股权投资行业协会已投入实践。维稳性调解则主要发挥阶段性缓冲作用,在政府部门对私募机构刑事侦查立案或指定管理人开展良性退出之前,避免投资者不理性行为给政府部门或指派的管理人施加压力而开展阶段性调解工作,在刑事立案或管理人接手后即退出调解。前述两类调解方式相结合,有利于促进私募爆雷潮的多元化解。

五、加大对违规私募机构的处罚力度,强化警示教育作用

就本次私募爆雷潮中核查发现的私募机构违规展业行为,建议监管机构进行系统梳理,针对各类典型的违规行为,有针对性地加大处罚力度。对于触及法律红线,涉及刑事犯罪的,依法移送司法机关进行严肃处理。通过张弛有度的处罚举措,强化对违法违规主体的震慑作用。前述处罚案例亦可归集成册,扩大宣传,强化对私募机构及其从业人员的警示教育作用。

六、优化合格投资者甄别制度,加强投资者教育

私募基金对投资者设有较高的投资门槛,即合格投资者制度,《私募投资基金监督管理暂行办法》第十二条对此予以规定。但我国法律规范对合格投资者的界定主要以财产状况为衡量标准,缺乏对投资者主观能力等的认定指标。因此,建议结合实践优化合格投资者甄别制度,把握主客观相结合的标准,从制度层面夯实投资者理性投资的基础。

与此同时,建议监管机构加强投资者教育工作,警示投资者回归理性投资,牢记风险自担的投资原则。监管机构亦可加强与司法审判部门的互动交流,共

同研讨推动私募维权报告的制作发布，更生动全面地向投资者呈现私募投资过程中可能存在的各种纠纷类型，让投资者真正参与到投资风险预防及应对工作中，培育理性的投资环境。

七、借助中介机构力量，协助开展常态化合规检查

针对私募基金登记备案数量靠前的地区，如上海、北京、浙江、广东等地，建议将各地专业的中介机构作为协助监管机构的重要力量，由监管机构或中基协通过政府采购的方式与各地具有一定基金业务专业能力的律师事务所、会计师事务所（具体中介机构的遴选可根据各机构的专业业绩、报价及综合实力等因素通过市场化的方式确定）建立常态化合作机制，由专业的中介机构协助开展私募基金的事后合规检查工作，利用市场化手段弥补目前私募基金事后监管不足的短板。

第二章　争议中逐渐明晰的私募基金真义

　　第一章笔者立足于私募历史发展的宏观视角,致力于为各位读者深入理解中国的私募基金建立相应的时代场域。但实际上为更好地理解私募基金,从微观上对其包含的各项属性及所涉及的各项基础法律关系进行精确解读亦十分必要,这可使参与私募投资的各市场主体更加理性地看待自身所面临的各项权利义务关系,从而理性地做出相应的判断选择。有鉴于此,本章笔者从私募基金的概念定义着手展开。

　　2014年发布的《私募投资基金监督管理暂行办法》对私募基金的定义较为简单,描述其是指在我国境内以非公开方式向投资者募集资金设立的投资基金。2017年国务院法制办公开征求意见的《私募投资基金管理暂行条例(征求意见稿)》对私募基金的定义较之前述有所细化,明确其是指在我国境内以非公开方式向合格投资者募集资金设立,由基金管理人管理,为投资者的利益进行投资活动的私募证券投资基金和私募股权投资基金。后者进一步强化了私募基金的投资属性。"非公开募集"及"投资属性"系私募基金的两大核心属性。

第一节　"非公开募集"的理解与解读

　　"非公开募集"不仅是私募基金的核心属性,亦是对私募机构的底线要求,越过该红线可能构成刑事犯罪。结合《中华人民共和国刑法》(下称"《刑法》")

第一百七十六条①及《最高人民法院关于审理非法集资刑事案件具体应用法律若干问题的解释》第一条②针对"非法吸收公众存款罪"的相关规定内容，"非公开募集"须格外关注宣传方式及法定人数限制。

一、宣传方式

"非公开募集"意味着不得主动公开宣传，即如《私募投资基金监督管理暂行办法》第十四条所规定：不得通过报刊、电台、电视、互联网等公众传播媒体或者讲座、报告会、分析会和布告、传单、手机短信、微信、博客和电子邮件等方式向不特定对象宣传推介。"非公开募集"强调私募机构与投资者之间信息"点对点"的传递而非"点对面"的传播，从而确保募集对象的特定性。

除此之外，私募机构实务中还应警惕被动的公开宣传。《最高人民法院、最高人民检察院、公安部关于办理非法集资刑事案件适用法律若干问题的意见》中关于"向社会公开宣传"的认定中明确："向社会公开宣传"不仅包括以各种途径向社会公众传播吸收资金的信息，也包括明知吸收资金的信息向社会公众扩散而予以放任等情形。因此，若现实中私募机构知悉募集材料正在向社会不特定对象扩散，即使非自身主动为之，亦须主动制止而不得放任。在委托第三方机构进行募集时须特别关注。如（2015）朝刑初字第 1780 号案件中，裁判机关

---

① 《中华人民共和国刑法》第一百七十六条：非法吸收公众存款或者变相吸收公众存款，扰乱金融秩序的，处三年以下有期徒刑或者拘役，并处或者单处罚金；数额巨大或者有其他严重情节的，处三年以上十年以下有期徒刑，并处罚金；数额特别巨大或者有其他特别严重情节的，处十年以上有期徒刑，并处罚金。单位犯前款罪的，对单位判处罚金，并对其直接负责的主管人员和其他直接责任人员，依照前款的规定处罚。有前两款行为，在提起公诉前积极退赃退赔，减少损害结果发生的，可以从轻或者减轻处罚。

② 《最高人民法院关于审理非法集资刑事案件具体应用法律若干问题的解释》第一条：违反国家金融管理法律规定，向社会公众（包括单位和个人）吸收资金的行为，同时具备下列四个条件的，除刑法另有规定的以外，应当认定为刑法第一百七十六条规定的"非法吸收公众存款或者变相吸收公众存款"：（一）未经有关部门依法批准或者借用合法经营的形式吸收资金；（二）通过媒体、推介会、传单、手机短信等途径向社会公开宣传；（三）承诺在一定期限内以货币、实物、股权等方式还本付息或者给付回报；（四）向社会公众即社会不特定对象吸收资金。未向社会公开宣传，在亲友或者单位内部针对特定对象吸收资金的，不属于非法吸收或者变相吸收公众存款。

判定:该案中被告人采取按销售金额提成返点的方式委托第三方进行销售,具体辐射出不特定销售人员链接到社会不特定的多数投资者,吸收的系社会公众的资金,上述渠道实际上就是通过不特定专业理财人员的客户资源等向社会公众传播吸收资金的信息,符合《最高人民法院关于审理非法集资刑事案件具体应用法律若干问题的解释》及《最高人民法院、最高人民检察院、公安部关于办理非法集资刑事案件适用法律若干问题的意见》关于"向社会公众吸收资金"以及"向社会公开宣传"的规定,应当认定为公开向社会公众吸收资金。

二、法定人数限制

(一)相关法律规定

"非公开募集"涉及的投资者人数限制与私募基金具体的组织形式相关,如《私募投资基金监督管理暂行办法》第十一条第一款所载:单只私募基金的投资者人数累计不得超过《证券投资基金法》《公司法》《合伙企业法》等法律规定的特定数量。就前述法律规定的具体内容,笔者列表梳理如下。(见表 2-1)

表 2-1　私募基金的投资者在不同规定中的人数上限

序号	私募基金组织形式	人数上限	法律规定
1	有限合伙型私募基金	50 人	《合伙企业法》第六十一条
2	契约型私募基金	200 人	《证券投资基金法》第八十七条
3	公司型私募基金(有限公司)	50 人	《公司法》第二十四条
	公司型私募基金(股份公司)	200 人	《公司法》第七十八条

根据《私募投资基金监督管理暂行办法》第三十八条规定,募资对象超过前述法定人数限制的将受到警告及罚款等系列行政处罚。除此之外,前述 200 人的投资者人数上限需特别警惕,因根据《证券投资基金法》第五十条规定即使向特定对象募集资金,若累计超过 200 人将直接被界定为公开募集;另根据《中华人民共和国证券法》(下称"《证券法》")第九条规定即使向特定对象发行股份累计超过 200 人,亦将直接界定为公开发行。该人数上限的突破是实务中判定相关私募机构及涉案人员构成非法吸收公众存款罪的重要考量因素之一。

另值得关注的是前述关于投资者人数限制的规则在私募基金存续期间须

持续遵循而非仅局限于私募基金募集阶段。对此，《私募投资基金监督管理暂行办法》第十二条第二款有明确规定，投资者转让基金份额的，基金份额受让后投资者人数仍需符合前款规定。

（二）穿透核查要求

严格的投资者人数限制规定项下，实践中出现许多试图规避的投机做法，包括但不限于通过架设有限合伙企业进行二次投资、部分投资者代持等方式。前述做法被监管特别关注或直接明令禁止，如《私募投资基金备案须知》①第六条及第七条明确：以合伙企业等非法人形式投资私募投资基金的，募集机构应当穿透核查，合并计算投资者人数，但投资者为依法备案的资产管理产品的，不再穿透核查；投资者应当确保系为自己购买私募投资基金，不存在代持，且不得汇集他人资金购买私募投资基金。《私募投资基金监督管理暂行办法》第十三条第二款亦有相关规定。

穿透核查是中基协一直秉承的监管原则，且实践中有从严的趋势，除前述投资者端的人数核查规则三令五申外，中基协目前亦加强了对底层项目端的关注（具体指以底层项目为视角合并核查相应的投资者人数），即《私募投资基金备案须知》所规定：管理人不得违反中国证监会等金融监管部门和中基协的相关规定，通过为单一融资项目设立多只私募投资基金的方式，变相突破投资者人数限制。

三、合格投资者

除宣传方式及法定人数限制在"非公开募集"过程中需特别关注外，"非公开募集"须面向合格投资者亦是实务中的核心监管要求。

（一）相关法律规定

区别于银行储蓄、购买国债等传统、稳健的债性投资方式，投资私募基金的风险较大；且私募基金通常封闭运作②，投资周期较长，投资款项的流动性较差。

---

① 下文提及的《私募投资基金备案须知》均指 2019 年 12 月 23 日发布的版本，特此说明。

② 《私募投资基金备案须知》第十一条：私募股权投资基金（含创业投资基金）和私募资产配置基金应当封闭运作，备案完成后不得开放认/申购（认缴）和赎回（退出），基金封闭运作期间的分红、退出投资项目减资、对违约投资者除名或替换以及基金份额转让不在此列。

因此,私募基金对投资者的风险识别能力及风险承担能力有较高的要求,相关法律法规对私募基金的募集对象亦设定了较高的准入门槛,即合格投资者制度,其主要通过投资者整体的资产/收入水平及单项认购基金的最低限额两方面进行综合认定。根据《私募投资基金监督管理暂行办法》第十二条规定,前者表现为净资产不低于 1000 万元的单位或者金融资产①不低于 300 万元或者最近三年个人年均收入不低于 50 万元的个人;后者表现为投资于单只私募基金的金额不低于 100 万元。具体如表 2-2 所示。

表 2-2　私募基金募集对象的准入门槛要求

		投资经历要求	资产/收入要求
投资者基础情况	自然人	无	金融资产不低于 300 万元,或者近 3 年本人年均收入不低于 50 万元
	单位		净资产不低于 1000 万元
单项认购情况			单只私募基金投资金额不低于 100 万元

2018 年 4 月 27 日,资管新规正式发布,其针对资产管理产品制定了统一的合格投资者标准②,具体标准如表 2-3 所示。

---

　① 　金融资产包括银行存款、股票、债券、基金份额、资产管理计划、银行理财产品、信托计划、保险产品、期货权益等。
　② 　详见《关于规范金融机构资产管理业务的指导意见》中的规定:五、资产管理产品的投资者分为不特定社会公众和合格投资者两大类。合格投资者是指具备相应风险识别能力和风险承担能力,投资于单只资产管理产品不低于一定金额且符合下列条件的自然人和法人或者其他组织。
　(一)具有 2 年以上投资经历,且满足以下条件之一:家庭金融净资产不低于 300 万元,家庭金融资产不低于 500 万元,或者近 3 年本人年均收入不低于 40 万元。
　(二)最近 1 年末净资产不低于 1000 万元的法人单位。
　(三)金融管理部门视为合格投资者的其他情形。
　合格投资者投资于单只固定收益类产品的金额不低于 30 万元,投资于单只混合类产品的金额不低于 40 万元,投资于单只权益类产品、单只商品及金融衍生品类产品的金额不低于 100 万元。
　投资者不得使用贷款、发行债券等筹集的非自有资金投资资产管理产品。

表 2-3 资管新规对资产管理产品制定的合格投资者标准

投资者基础情况	自然人	投资经历要求	资产/收入要求
		2 年以上投资经历	具有 2 年以上投资经历，且满足以下条件之一：家庭金融净资产不低于 300 万元，家庭金融资产不低于 500 万元，或者近 3 年本人年均收入不低于 40 万元
	法人单位		最近 1 年末净资产不低于 1000 万元
	金融管理部门视为合格投资者的其他情形		
单项认购情况	投资于单只固定收益类产品的金额不低于 30 万元 投资于单只混合类产品的金额不低于 40 万元 投资于单只权益类产品、单只商品及金融衍生品类产品的金额不低于 100 万元		

资管新规中对自然人投资者增加了投资经历要求，此外对投资者持有的资产及收入总额要求也做了相应调整，较之《私募投资基金监督管理暂行办法》的规定内容，整体上合格投资者的标准有所提高。

资管新规发布后，关于该合格投资者标准是否适用于私募基金在一段时间内引起热议。资管新规第二条第三款的规定内容为"私募投资基金适用私募投资基金专门法律、行政法规，私募投资基金专门法律、行政法规中没有明确规定的适用本意见"。因《私募投资基金监督管理暂行办法》位阶较低并不构成"私募投资基金专门法律、行政法规"，属于行政法规序列的《私募投资基金管理暂行条例》又一直处于征求意见过程中未最终发布，根据规则的体系解释，实务中预测私募基金的合格投资者标准存在随资管新规一并更新的可能性较大。该问题在中基协 2019 年 12 月 23 日发布的《私募投资基金备案须知》中获得间接回应，确认合格投资者应当符合《私募投资基金监督管理暂行办法》的相关规定，即不适用资管新规的要求。结合笔者诸多项目实操经验及经电话咨询了解的中基协窗口指导意见，均与前述观点一致。当然，待《私募投资基金管理暂行条例》正式落地时该问题将获得直接且全面的解决。

（二）穿透核查要求

如前文所述，关于投资者人数的核查，原则上需向上穿透从而进行合并计算，关于投资者是否符合合格投资者要求亦需进行向上穿透核查从而明确最终投资者是否属于合格投资者,笔者此处不再赘述。

(三)合格投资者与专业投资者的辨别

关于合格投资者,实务中可能与另一法律概念——专业投资者产生混淆,笔者此处进行简要的对比梳理介绍。

梳理《证券投资基金法》及《私募投资基金监督管理暂行办法》的规范脉络可知,"合格投资者"系与"非公开募集"相伴而生的概念,资管新规中将资管产品的投资者划分为不特定社会公众和合格投资者两大类,亦一定程度上遵循该逻辑。但专业投资者的判定规则并未特别强调该点。

专业投资者系中国证监会在其 2016 年 12 月 12 日发布的《证券期货投资者适当性管理办法》①中专门提出的概念,其与普通投资者相对应而存在。《证券期货投资者适当性管理办法》第八条②具体规定了专业投资者的判定条件。分别对比专业投资与合格投资者的判定条件:部分内容存在重合,如"社会保障基金、企业年金等养老基金,慈善基金等社会公益基金"既属于合格投资者亦属于专业投资者;部分内容前者要求高于后者,如单位作为合格投资者仅要求其

---

① 该规定于 2017 年 7 月 1 日起正式施行。

② 《证券期货投资者适当性管理办法》第八条规定,符合下列条件之一的是专业投资者:

(一)经有关金融监管部门批准设立的金融机构,包括证券公司、期货公司、基金管理公司及其子公司、商业银行、保险公司、信托公司、财务公司等;经行业协会备案或者登记的证券公司子公司、期货公司子公司、私募基金管理人。

(二)上述机构面向投资者发行的理财产品,包括但不限于证券公司资产管理产品、基金管理公司及其子公司产品、期货公司资产管理产品、银行理财产品、保险产品、信托产品、经行业协会备案的私募基金。

(三)社会保障基金、企业年金等养老基金,慈善基金等社会公益基金,合格境外机构投资者(QFII)、人民币合格境外机构投资者(RQFII)。

(四)同时符合下列条件的法人或者其他组织:1.最近 1 年末净资产不低于 2000 万元;2.最近 1 年末金融资产不低于 1000 万元;3.具有 2 年以上证券、基金、期货、黄金、外汇等投资经历。

(五)同时符合下列条件的自然人:1.金融资产不低于 500 万元,或者最近 3 年个人年均收入不低于 50 万元;2.具有 2 年以上证券、基金、期货、黄金、外汇等投资经历,或者具有 2 年以上金融产品设计、投资、风险管理及相关工作经历,或者属于本条第(一)项规定的专业投资者的高级管理人员、获得职业资格认证的从事金融相关业务的注册会计师和律师。

前款所称金融资产,是指银行存款、股票、债券、基金份额、资产管理计划、银行理财产品、信托计划、保险产品、期货及其他衍生产品等。

净资产不低于1000万元,但作为专业投资者其需同时满足最近1年末净资产不低于2000万元,最近1年末金融资产不低于1000万元,具有2年以上证券、基金、期货、黄金、外汇等投资经历等三项条件。经逐项对比可知,专业投资者主要关注投资者的资产/收入及投资经历情况,在该方面较之合格投资者要求更高,但其未对投资者投资于单只产品的最低限额有所要求,合格投资者的判定则原则上有此要求。

综上,笔者总结,专业投资者系非专门针对私募产品存在的概念。专业投资者的判定与合格投资者的判定应分别适用《证券期货投资者适当性管理办法》与《私募投资基金监督管理暂行办法》。但在私募机构募集资金过程中筛选确定的专业投资者则是被"合格投资者"概念所统摄的投资者子类别之一,在该语境下可进一步区分合格投资者为普通投资者与专业投资者两大类。根据《证券期货投资者适当性管理办法》的规定,普通投资者在信息告知、风险警示、适当性匹配等方面均享有特别保护。经营机构与普通投资者发生纠纷时,经营机构需提供相关资料证明其已向投资者履行相应义务,即此类争议纠纷中实行举证责任倒置规则。合格投资者制度及专业投资者区分制度实系监管部门从不同维度对参与金融投资的投资者以更全面的保护。

第二节 关于"投资属性"的理解与解读

近年来,不管是中基协陆续发布的自律规则,还是中基协领导出席各公开场合发表的报告演说,均反复强调私募行业要真正回归"私募"和"投资"本源。即除上述详细解读的"非公开募集"属性外,"投资属性"也是私募基金的核心特征。私募基金的"投资属性"具有丰富的内涵,其贯穿私募基金内外部,同时又因私募基金不同的组织形式而在法律关系层面有所区别,笔者逐一演绎如下:

一、私募基金与底层融资方之间的关系

"投资属性"表现在私募基金外部,系指其与底层融资方之间的关系,此又称为私募基金资产端。通常意义上投资分为债权投资与股权投资两大类。债权投资主体获取固定收益,纵使存在底层融资方无法清偿的信用风险,但其债

权清偿请求权始终存在。股权投资主体则与底层融资方深度捆绑,一荣俱荣,一损俱损,其可能因底层融资方成功上市而变现获利数百倍,亦可能因底层融资方失败导致所持股权分文不值。在我国私募行业当前监管环境下,"投资属性"表现在私募基金资产端系指股权投资(包括未上市的股权投资及已上市的股权投资即证券投资),即强调回归投资活动"利益共享、风险共担"的本质,全面助力实体经济转型发展。2017 年 10 月始,中基协事实上暂停其他类私募基金管理人登记,作为非标类债权资产投资主力军的其他类私募基金产品规模持续缩减。中基协强化对私募基金底层明股实债操作的排查力度等系列举措均得到印证。2019 年 12 月,《私募投资基金备案须知》在总结过往经验教训的基础上,特别强调私募投资基金不应是借(存)贷活动,并进一步明确私募基金备案负面清单,具体包括:①变相从事金融机构信(存)贷业务的,或直接投向金融机构信贷资产;②从事经常性、经营性民间借贷活动,包括但不限于通过委托贷款、信托贷款等方式从事上述活动;③私募投资基金通过设置无条件刚性回购安排变相从事借(存)贷活动,基金收益不与投资标的的经营业绩或收益挂钩;④投向保理资产、融资租赁资产、典当资产等《私募基金登记备案相关问题解答(七)》所提及的与私募投资基金相冲突业务的资产、股权或其收(受)益权;⑤通过投资合伙企业、公司、资产管理产品(含私募投资基金)等方式间接或变相从事上述活动。

前述表现在私募基金外部的投资属性亦可从《私募投资基金管理暂行条例(征求意见稿)》第二条对私募基金的定义中获得相关印证,其描述私募基金仅包括私募证券投资基金和私募股权投资基金,将主要投资于非标类债权资产的其他类私募基金径直排除在外。

二、私募基金内部各项关系

"投资属性"表现在私募基金内部系指私募基金、私募基金管理人及投资者各方之间的关系(后文将结合私募基金的组织形式具体展开,此不赘述),又称为私募基金资金端。"受人之托,代人理财""卖者尽责,买者自负"是结合立法规定及监管实践传递的私募基金资金端核心要旨,也是对"投资属性"的生动表达。但该认知与实践,现实中经历了较长的过程,私募基金粗放高速发展时期,管理人不规范的展业行为及市场长期固化的债性投资思维都对私募基金的"投资属性"产生了巨大冲击,此亦深刻地影响了特定时期的司法审判实践。

（一）法律关系的变异——民间借贷关系

纯粹的"投资属性"项下,投资者收益无法获得保障,本金亦存在灭失的风险,部分管理人为增强产品吸引力,达到多、快募资的效果,进行了部分交易安排,导致私募基金内部法律关系的认定发生了巨大变异,私募基金/私募基金管理人与投资者之间径直被认定为构成民间借贷法律关系,即前者需要对后者承担到期还本付息的义务。究竟何种交易安排催生了此类变异,结合对大量司法案例的检索与研读,笔者梳理呈现如下。（见表2-4）

表2-4　认定私募基金或其管理人与投资者构成民间借贷法律关系之案例汇总表

序号	法院与案号	案涉私募基金组织形式	认定的借款方	法院认定构成借贷的裁判理由	其他
1	上海二中院：(2017)沪02民终1878号	有限合伙型	普通合伙人	1. 合伙企业原合伙人与投资者未重新签订合伙协议,投资者未被登记为合伙人 2. 系争基金及基金管理人均未在中基协登记备案 3. 普通合伙人在认购确认函中确认认购金额和最后一期预期收益的退还日期并多次承诺还本付息	类似案例：(2018)云3103民初1933号
2	深圳罗湖区法院：(2019)粤0303民初4473号	有限合伙型	普通合伙人	1. 投资者未被登记为合伙人,也未实际参与合伙企业经营,不符合"共同经营的"合伙特征 2. 合伙协议中约定了固定收益,实际亦按固定利率定期支付投资者收益 3. 普通合伙人向投资者做出填补损失的承诺,不符合"共享收益、共担风险"的合伙特征	普通合伙人作为基金管理人在中基协办理过登记备案
3	沈阳中院：(2017)辽01民终12554号	有限合伙型	有限合伙企业	1. 案涉多份文件签订主体均仅为有限合伙企业及提供相应资金的投资者,从主体上看并不符合合伙协议关系中各方主体均系共同出资的投资者的特征 2. 合同约定中存在投资者有权获得最高年利率13%的固定收益,不承担投资风险的表述,不符合合伙协议风险共担的特征	判定普通合伙人对有限合伙企业的应付款项承担连带给付责任

序号	法院与案号	案涉私募基金组织形式	认定的借款方	法院认定构成借贷的裁判理由	其他
4	深圳前海合作区法院:(2015)深前法商初字第165号	有限合伙型	有限合伙企业	1. 对投资项目的实际经营管理权或参与经营管理权的判别是解决真假投资与借贷的关键;本案中投资者名义上向合伙企业投资,但不参与执行合伙事务 2. 普通合伙人承诺对投资者未能兑现的投资本金及收益予以回购,实为对投资者提供担保	判定普通合伙人对有限合伙企业的应付款项承担连带清偿责任
5	四川自贸区法院:(2019)川0193民初2454号	契约型	基金管理人	投资者与基金管理人、托管人签订的《基金合同》约定:投资者将资产交由管理人进行投资管理,无论盈亏均保证投资者获得固定本息回报,超额收益归管理人所有,即约定保底条款,属于名为委托理财实为借贷	类似案例:(2019)粤0391民初300号、(2018)陕民初64号

如上述分析,基金管理人/基金与投资者之间所订协议约定的风险承担情况对各方的法律关系界定影响最为显著。私募基金强调投资者享受收益的同时须承担相应的风险,深刻地体现了其"投资属性"。

(二)不同组织形式的私募基金内部所涉法律关系解析

我国当前市场上的私募基金存在公司型、有限合伙型及契约型三种类型,出于组织形式灵活性及税收筹划等方面的考量,公司型基金实务中应用较少,后两者居多,笔者下文阐述也将着重聚焦后两者展开。

公司型、有限合伙型基金设置项下,所有投资者之间通过订立公司章程、合伙协议并办理工商登记手续,共同组建公司(有限责任公司/股份有限公司)及有限合伙企业,即该两类基金除作为资金集合体存在外,其自身亦构成法律意义上的独立组织体,起到了基金财产隔离的法律效果。针对该两种基金组织形式,当管理人本身不作为投资者参与投资时,其与投资者之间并无直接法律关系,其仅与基金之间构成委托法律关系。以有限合伙型基金为例,笔者图示如下。(见图2-1)

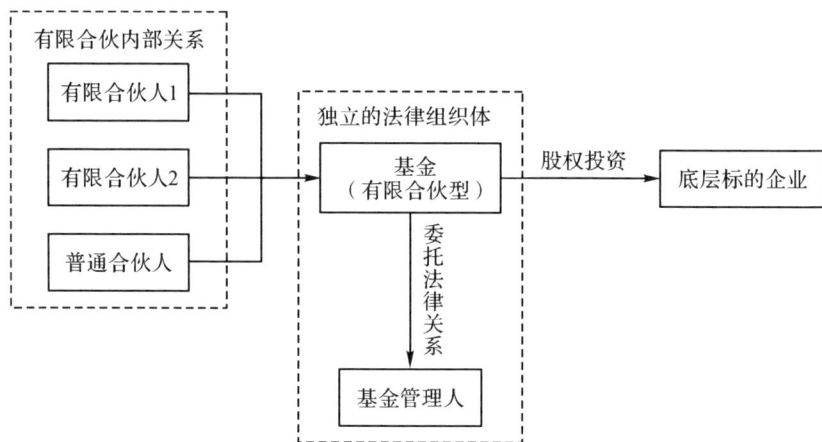

图 2-1　有限合伙型基金结构图

根据《合伙企业法》规定,普通合伙人执行合伙事务,同时对有限合伙企业的债务承担无限连带责任。管理人受托管理基金即对基金财产进行投资、管理、运用和处置,一定程度上与普通合伙人/执行事务合伙人的身份重合。为深度绑定管理人与基金的关系,平衡普通合伙人/执行事务合伙人与管理人之间的权限与责任承担,通常情况下,普通合伙人/执行事务合伙人与管理人两者身份合一。实务中往往不会再对两者的权利义务内容进一步细致区分,而是一并在合伙协议中予以呈现。亦基于此,虽管理人与有限合伙型基金之间构成委托法律关系,但通常不会订立书面的委托协议。

区别于公司型、有限合伙型基金,契约型基金仅作为资金集合体形态存在,并不构成法律意义上的独立组织体。投资者与管理人之间订立基金合同①明确各方权利义务关系,对外则由管理人代基金以其自身名义签订相关投资协议,具体如图 2-2 所示。

关于契约型基金项下投资者与管理人之间的具体法律关系性质,实践中争议已久,主要包含委托关系、信托关系两种主要观点。为进行深入探究,笔者从

---

① 根据《私募投资基金备案须知》第四条"契约型私募投资基金应当由依法设立并取得基金托管资格的托管人托管",也即托管人亦参与基金合同的签订,但因笔者文中聚焦于基金管理人与投资者的关系,针对托管人部分不专门展开,特此说明。

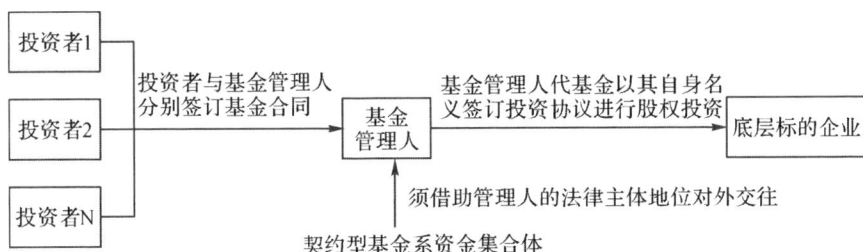

图 2-2　契约型基金结构图

两种法律关系的定义出发,就其主要特征进行相应归纳提炼。

　　根据《信托法》第二条,信托是指委托人基于对受托人的信任,将其财产权委托给受托人①,由受托人按委托人的意愿以自己的名义,为受益人的利益或者特定目的,进行管理或者处分的行为。根据《中华人民共和国民法典》②(下称"《民法典》")第九百一十九条规定,委托合同是委托人和受托人约定,由受托人处理委托人事务的合同。结合《信托法》《民法典》其他条文规定的内容,两者主要存在如下差异。如表 2-5 所示。

表 2-5　信托关系与委托关系差异对比表

序号	差异点	信托关系	委托关系
1	主体	涉及委托人、受托人与受益人三方(自益信托中委托人与受益人重合)	仅涉及委托人与受托人两方
2	是否要式	信托合同属于要式合同③	委托合同属非要式合同

---

　　① 根据《信托法》第十四条规定,"受托人因承诺信托而取得的财产是信托财产。受托人因信托财产的管理运用、处分或者其他情形而取得的财产,也归入信托财产",也即信托关系项下,信托财产由委托人处转移至受托人处,处于受托人的管理之下,转变成信托财产,独立于委托人和受托人自有财产。

　　② 根据《民法典》第一千二百六十条规定,本法自 2021 年 1 月 1 日起施行。《中华人民共和国婚姻法》《中华人民共和国继承法》《中华人民共和国民法通则》《中华人民共和国收养法》《中华人民共和国担保法》《中华人民共和国合同法》《中华人民共和国物权法》《中华人民共和国侵权责任法》《中华人民共和国民法总则》同时废止。

　　《民法典》生效后,上述法律废止,相关法律依据应引用《民法典》及其配套规定(如实施)的对应条文,下文同。

　　③ 《信托法》第八条规定,设立信托,应当采取书面形式。书面形式包括信托合同、遗嘱或者法律、行政法规规定的其他书面文件等。采取信托合同形式设立信托的,信托合同签订时,信托成立。采取其他书面形式设立信托的,受托人承诺信托时,信托成立。

续　表

序号	差异点	信托关系	委托关系
3	受托人从事受托行为的名义	受托人以自己的名义处理事务	可以委托人的名义处理事务或以受托人自己的名义处理事务
4	受托财产的转移与独立性	财产由委托人处转移至受托人处,独立于委托人和受托人自有财产	受托财产通常仍由委托人所有,不要求受托财产具备独立性
5	法律后果的归属	受托人从事的法律行为的后果归属于受益人	受托人从事的法律行为的后果归属于委托人
6	受托人权限与职责	受托人有权为受益人的最大利益自主处理信托事务,除信托合同文件或法律另有规定外,受托人一般不受委托人的干预与限制	受托人应当按照委托人的指示处理委托事务
7	任意解除权	委托人是唯一受益人的,委托人可以随时解除信托,受托人无任意解除权	委托人或者受托人均可随时解除委托合同

　　虽信托关系及委托关系均以委托人对受托人的信任为基础展开,但如上述所分析的,两者之间存在较大的差异。结合契约型基金的现实特点,笔者认为认定投资者与管理人之间构成信托关系更为妥当。首先,表现在财产的独立性方面,管理人所募集的资金进入管理人以基金名义开立的募集户,财产所有权实际上已发生转移,独立于委托人及管理人的自有财产;其次,私募基金是社会发展专业分工的产物,具有丰富资产管理经验的管理人,对外以自身名义,勤勉尽责地运作基金财产,除另有约定外,委托人一般情况下不得干预或限制受托人的资产管理及处分行为。在监管部门三令五申去通道,强调主动管理的行业发展趋势下,管理人的投资决策自主性愈加凸显。笔者上述观点亦可从现行法及相关立法释义文件中获得印证,如作为私募基金领域位阶最高的法律《证券投资基金法》第二条①明确规定,如果本法没有规定的,适用《信托法》的规定。

――――――

　　① 《证券投资基金法》第二条规定,在中华人民共和国境内,公开或者非公开募集资金设立证券投资基金,由基金管理人管理,基金托管人托管,为基金份额持有人的利益,进行证券投资活动,适用本法;本法未规定的,适用《中华人民共和国信托法》《中华人民共和国证券法》和其他有关法律、行政法规的规定。

全国人大法工委组织编纂的《中华人民共和国证券投资基金法释义》关于前述条文的释义指出:证券投资基金以信托原理为基础,基金管理人与基金份额持有人之间的关系属于信托关系。

上述笔者立足于实体法的角度,分析契约型基金投资者与管理人之间的权利义务内容,认定双方构成(自益)信托关系,但该观点在我国金融监管视角项下一直受到质疑。持否定观点者认为,私募基金管理人非经银保监会批准的持牌展业机构,不具备经营信托业务的资格,因而其从事的私募基金管理等经营性业务不属于信托业务。主要依据为《信托公司管理办法》(中国银监会令2007年第2号)第七条第二款之规定"未经中国银行业监督管理委员会批准,任何单位和个人不得经营信托业务,任何经营单位不得在其名称中使用'信托公司'字样,法律法规另有规定的除外"。前述观点与我国金融行业分业监管①的体制亦有密切关联,管理人一定程度上避讳称自己所从事的资管业务为信托业务,若承认自己实质上从事信托业,则越过了自家的田园,将手伸向信托业的地盘,踩上"分业经营"的红线②。

笔者认为前述《信托公司管理办法》项下所称信托系金融监管视角项下的狭义信托,不能与《信托法》项下的信托完全等同,后者对于认定资管产品(包括但不限于契约型私募基金)投资者与管理人之间的权利义务内容,强化管理人的法定职责具有重要意义。若将后者局限于前者,则将严重抑制我国资产管理行业的规范持续发展。如何理顺这两者之间的关系,规范立法语言表达,避免引发争议是未来立法顶层设计层面的重要命题。

综上所述,当管理人本身不作为投资者参与投资时,其与有限合伙型基金、公司型基金本身构成委托法律关系,其与契约型基金投资者之间构成信托法律关系,管理人履行的均系受托管理义务,在该项角色下其勤勉尽责即可,无须承担任何投资风险;投资者与投资者之间则是共担风险、共享收益的共同投资关系,具体的收益分配和风险承担方式在其聚合形式(契约型基金或有限合伙型

---

① 《中华人民共和国证券法》第六条规定,证券业和银行业、信托业、保险业实行分业经营、分业管理,证券公司与银行、信托、保险业务机构分别设立。国家另有规定的除外。

② 王涌:《让资产管理行业回归大信托的格局》,载《清华金融评论》2018年第4期。

基金或公司型基金)所对应的约定载体(基金合同或合伙协议或公司章程)中呈现。当然,当管理人同时作为投资者参与投资时,其与投资者之间亦存在共同投资关系。前述即是"投资属性"在私募基金内部的完整体现。

第三章　实践中不断探索的私募维权路径

　　私募市场在经历一场场兑付危机、爆雷洗礼后,回归私募基金投资本源,回归私募基金管理人"受人之托,忠人之事"的本职越来越成为市场和监管的共识,私募行业的发展在不断趋于理性与规范,私募投资者的维权理念亦在探索中不断革新。从野蛮发展的初期私募市场走到现在,伴随着投资者多种多样的维权尝试,司法机构对私募基金性质的认知及所涉各项权利义务的解读愈加精准、深入,审判实践中累积的实务经验是深刻而宝贵的,笔者展开全面的分析,并进行如下解读。

第一节　摆脱底层项目无法退出束缚的多样尝试

　　图 3-1 与图 3-2 系关于契约型基金与有限合伙型基金的初始投资款项流动路径及投资结束后的分配款项流动路径示意图,前者自上而下,后者自下而上。两者流动方向的区别也意味着投资者在其中所掌握主动权的重大区别,前者投资者可自主决定是否选择投资,后者投资者则只能被动等待底层项目的退出及投资款的层层向上返还。

　　通常情况下,基金对外投资时,管理人会进行充分的尽职调查,对投资标的的商业价值、未来发展潜力及是否存在合规风险、负面舆情等进行全面的分析评估从而决定是否投资及投资对价。此外,管理人亦可能通过与底层交易主体磋商,设置对赌回购等交易结构安排,进一步缓冲基金的投资风险。但风险无法完全规避,特别是私募基金投资的部分初创型企业,企业未来发展存在重大不确定性,回购主体的资信状况亦难以预测。一旦投资标的无法退出,投资者除督促管理人积极向底层交易主体追索外,似陷入消极的被动等待中,为挣脱该束缚,实践中投资者进行了多样的维权尝试。

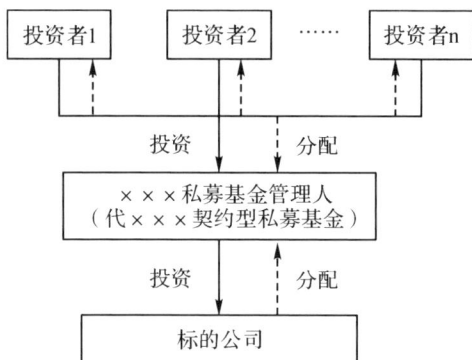

图 3-1　契约型基金初始投资款项及投资结束后分配款项的流动路径示意图

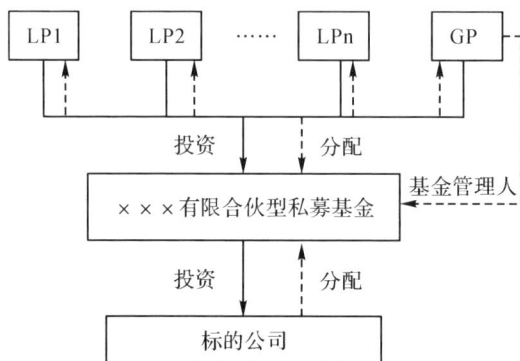

图 3-2　有限合伙型基金初始投资款项及投资结束后分配款项的流动路径示意图

一、否定投资关系的存在

如笔者在本篇第二章中所述,"投资属性"是私募基金的核心属性,即若管理人勤勉尽责,在底层项目出险后及时推进与交易对手磋商谈判争取增信或提起相应诉讼求偿程序,仅系基于交易对手履行能力受限导致基金无法退出,且管理人在资金募集、投资项目筛选、基金存续期管理等各方面均无过错,则投资者无法退出属于投资风险范畴,投资者须自行承担该项风险。如(2018)粤 01 民终 13452 号案件中,"法院综合全案材料及当事人的陈述意见分析认为:管理人(执行事务合伙人)除履行了其本身亦作为合伙企业普通合伙人缴付认缴出资额的义务外,在以募集方式接纳投资者为新有限合伙人时进行了相应的风险提示及说明,开展投资前也进行了相关的投资调查,更与底层交易方签订系列维护合伙人利益的交易协议。在出现底层投资风险时,亦与交易对手进行磋商订立相关协议,并及时向责任方进行诉讼追偿。综上,法院认定管理人不存在怠于履行义务的行为,也即管理人无须为投资者的投资损失承担责任"。

实践中部分维权的投资者通过梳理罗列管理人资金募集、运用过程中存在的不规范行为,成功主张其与私募基金(此处主要指基金存在组织体形式的情形,如有限合伙型基金)或管理人之间构成民间借贷法律关系,进而通过司法判决的方式固定自身的本息兑付请求权。前述管理人不规范行为主要包括普通合伙人未在中基协备案为基金管理人、合伙企业未在中基协办理基金备案、投资者未被登记为有限合伙人、管理人或其关联方定期向投资者支付固定收益、管理人书面承诺到期还本付息等,典型案例笔者已在本篇第二章"法律关系的变异——民间借贷关系"项下展开详细解读,此不赘述。

除上述外,部分案件中维权投资者未必径直定性其提起权利主张的基础法律关系为民间借贷,而仅基于交易文件中的相关表述主张管理人应履行基金合同项下的本金、收益兑付义务。此类权利主张与债权人要求还本付息的诉求基本一致,但其在定性上模糊处理,实践中亦存在成功案例。投资者采取该类主张方式一方面可能基于规避因"投资""借贷"等性质被准确鉴定后对自身权利主张的不利影响,特别在被告缺席或法官拟采取简单化处理方式的情况下,该类主张方式亦不会被细究。另一方面,投资者采取该类主张方式一定程度上系为避免自身监管风险。若投资者投资笔数多,单项投资金额大,均主张构成民间借贷,投资者自身存在被认定为职业放贷人的风险。以浙江地区司法实践为例,根据《依法严厉打击与民间借贷相关的刑事犯罪 强化民间借贷协同治理的会议纪要》规定:在同一年度内,同一或关联原告在同一中级人民法院及辖区各基层法院涉及民间借贷案件 5 件以上且累计金额达 100 万元以上或者涉及民间借贷案件 3 件以上且累计金额达 1000 万元以上的将纳入"职业放贷人名录"。

无论法律关系性质是否被准确鉴定,前述维权方式项下,投资者的权利主张逻辑均明显区别于风险自担的私募投资本质,系我国初期私募市场野蛮生长、私募机构合规意识淡薄状态下的畸形产物。未获备案资格即径直募资,加之保本保收益的宣传方式等,部分私募机构甚至已涉嫌非法吸收公众存款或集资诈骗犯罪等刑事犯罪,该种情况下,投资者可主张私募机构涉刑进行报案,要求国家机关立案侦查,并予追赃退赔。

二、诉请"解除"投资关系

上述否定投资关系存在的维权策略釜底抽薪,投资者维权只要找准债权兑付方提起本息兑付请求即可,而与基金具体投资标的及投资是否退出等事项均无关联,唯一需要关注的是债权兑付方的债务偿付能力,从而确保胜诉判决的落地执行。但随着裁判机关对私募本质的深入认知及私募行业逐渐趋于规范,前述维权方式获得支持的空间将极大程度地被压缩,甚至几乎没有可能。鉴于此,投资者持续探索其他可能摆脱底层项目退出束缚的维权策略。

(一)合同解除规则的适用

《民法典》第五百六十六条规定:"合同解除后,尚未履行的,终止履行;已经履行的,根据履行情况和合同性质,当事人可以要求恢复原状或者采取其他补救措施,并有权要求赔偿损失。"投资者系使用现金投资,是否可将现金返还作为一种恢复原状的方式进行主张,给予投资者莫大想象空间。笔者以有限合伙型基金为原型对此进行观察,将合同解除规则在投资者维权案例中的适用情况归纳为三大类:

1. 鉴定"合伙"为借贷关系,支持合同解除规则的适用

该类判决通常根据投资者与有限合伙基金之间签订的合伙协议不具备风险共担的特质,即投资者向基金投入资金后,不论合伙企业盈亏,投资者均向基金收取固定投资收益,从而认定投资者与基金之间实际构成借贷关系。合伙企业未按期偿还投资者本金及利息,即认定投资者与基金之间的合同目的不能实现,进而支持合同解除规则的适用,判定基金偿还投资者本息,并由普通合伙人承担连带责任。(2017)云 0111 民初 9737 号等案件均持该裁判思路。

2. 明确系合伙关系，但对"合同目的不能实现"的理解存在争议

该类判决均通过投资者与有限合伙型基金之间签订的《合伙协议》《入伙协议》等文件认定双方之间确形成合伙关系而非借贷关系，但就"合同目的不能实现"这一合同解除要件的理解存在巨大差异。一类判决认为，"依据《合伙协议》有限合伙人投资满一年可以申请退伙，且投资者投资后，基金未按协议约定履行给付投资收益的义务，致使投资者合同目的不能实现，投资者依法享有法定解除权"，如（2017）京0107民初13711号、（2019）京01民终4201号。另一类判决则认为基金按约投向底层即认为成立合伙企业的目的基本实现，因客观存在的障碍导致投资者无法收回投资款和获得收益系投资者应当预见的商业风险而非其合同目的不能实现，投资者不能据此主张合同解除，（2016）冀0606民初1974号、（2018）川0191民初14987号、（2017）沪01民终13694号等案件均持该裁判思路。还有部分判决如（2018）鲁0202民初764号案件认为，合伙企业未履行将投资者登记为合伙企业合伙人的法定义务，致使投资者无法真正行使有限合伙人的权利、履行有限合伙人的义务，合伙协议的合同目的无法实现，依法应予解除。

3. 明确合同解除规则在有限合伙型基金中无法适用

上述两类判决无论从投资者与有限合伙型基金之间的法律关系重新界定出发，还是从何为"合同目的不能实现"这一合同解除要件的理解出发，均未超出合同解除规则能适用于有限合伙型基金维权范畴。然而，该观点本身也正经历着巨大冲击。巨杉（上海）资产管理有限公司与上海乐昱创业投资管理中心、上海海通创世投资管理有限公司等合伙协议纠纷案历经一审、二审及再审裁判，最高人民法院最终明确有限合伙人不能通过行使《合同法》第九十四条第四款规定的法定解除权以解除《合伙协议》的方式使自己退出合伙企业。法院认为，《合伙企业法》就合伙人退出合伙企业规定了退伙、解散等多种情形及其具体的法律适用。根据《合伙企业法》第一条有关立法目的的规定可知，《合伙企业法》是专门用于规范合伙企业活动的特别法，应被优先适用。退伙和解散会涉及其他合伙人和合伙企业外部民事主体的利益，《合伙企业法》就退伙和解散的程序性、实体性问题做出了许多有别于《合同法》解除权的具体规定。《合同法》没有规定其他合伙人不同意解散合伙企业时如何处理，也没有规定合伙企业存续期间的债权债务如何分担，如适用《合同法》解除合伙协议，将会产生一系列遗留问题，损害其他合伙人、合伙企业的合法权益。

最高人民法院认定投资者退出合伙企业必须走退伙或解散路径。退伙、解散首先须满足合伙协议或合伙企业法中载明的具体情形。上述前提条件是否满足须将规定内容与投资者及合伙企业实际情况进行逐一比对、综合判断。但即使被论证满足相关前提条件，底层无法退出的障碍亦是退伙或解散选择面临的核心难题（笔者将在后文中具体展开，此不赘述）。投资者绕了一圈似乎又回到原点。

通过笔者对上述几类主要裁判观点的梳理罗列，可以看出合同解除规则在投资者维权历程中的运用亦伴随着裁判机关对私募基金本质及有限合伙企业这种组织体的深入理解而逐步发生变化。在对基金投资与借贷关系混为一谈的理解项下，合同解除规则的适用似完全不存在障碍；在裁判机关开始意识到私募基金的投资属性后，其对何为私募投资的合同目的实现进行了深入反思，其对投资风险及投资获益的非必然性亦有了更丰满的认识，并最终回归到对私募基金所属法律组织体的完整认知。也即有限合伙型基金中投资者实际无法以《民法典》规定的法定解除权为由要求退出合伙企业从而获得投资款返还。

（二）退伙规则的适用

考虑到有限合伙型基金组织形式与合同的区别，部分投资者维权时确未径直运用合同解除规则而寄希望于退伙规则的适用。但投资者何种情形下可以退伙？投资者退伙与合伙企业结算之间是何种关系？投资者退伙时谁是结算义务人？退伙是否意味着投资者可获得投资款的全额返还？上述问题均系需进一步探讨的重要问题。带着这些问题，笔者对《合伙企业法》规定的有限合伙人退伙规则及此类维权案例进行了详细梳理。

1. 退伙条件的判定

根据《合伙企业法》的规定，合伙人退伙可划分为主动退伙和被动退伙两大类。被动退伙主要指《合伙企业法》第四十八条规定①的当然退伙（有限合伙人当然退伙适用第七十八条②规定）及第四十九条③规定的除名退伙。因被动退伙主要涉及合伙人发生死亡等消极事项时被迫退出合伙企业，与投资者起诉要求退伙并主张投资款返还的主动维权行为系非同场域的问题，因此，笔者本篇中对被动退伙规则不做具体展开而主要关注《合伙企业法》第四十五条及第四十六条④规定的主动退伙规则。另结合实践经验，有限合伙型基金通常会对其存续期限进行明确约定，此亦系中基协及工商管理部门的必备要求，因此笔者主要聚焦《合伙企业法》第四十五条规定展开探讨。

《合伙企业法》第四十五条规定"合伙协议约定合伙期限的，在合伙企业存续期间，有下列情形之一的，合伙人可以退伙：（一）合伙协议约定的退伙事由出

---

① 《合伙企业法》第四十八条规定，合伙人有下列情形之一的，当然退伙：

（一）作为合伙人的自然人死亡或者被依法宣告死亡；

（二）个人丧失偿债能力；

（三）作为合伙人的法人或者其他组织依法被吊销营业执照、责令关闭、撤销，或者被宣告破产；

（四）法律规定或者合伙协议约定合伙人必须具有相关资格而丧失该资格；

（五）合伙人在合伙企业中的全部财产份额被人民法院强制执行。

合伙人被依法认定为无民事行为能力人或者限制民事行为能力人的，经其他合伙人一致同意，可以依法转为有限合伙人，普通合伙企业依法转为有限合伙企业。其他合伙人未能一致同意的，该无民事行为能力或者限制民事行为能力的合伙人退伙。

退伙事由实际发生之日为退伙生效日。

② 《合伙企业法》第七十八条规定，有限合伙人有本法第四十八条第一款第一项、第三项至第五项所列情形之一的，当然退伙。

③ 《合伙企业法》第四十九条规定，合伙人有下列情形之一的，经其他合伙人一致同意，可以决议将其除名：

（一）未履行出资义务；

（二）因故意或者重大过失给合伙企业造成损失；

（三）执行合伙事务时有不正当行为；

（四）发生合伙协议约定的事由。

对合伙人的除名决议应当书面通知被除名人。被除名人接到除名通知之日，除名生效，被除名人退伙。

被除名人对除名决议有异议的，可以自接到除名通知之日起三十日内，向人民法院起诉。

④ 《合伙企业法》第四十六条规定，合伙协议未约定合伙期限的，合伙人在不给合伙企业事务执行造成不利影响的情况下，可以退伙，但应当提前三十日通知其他合伙人。

现；(二)经全体合伙人一致同意；(三)发生合伙人难以继续参加合伙的事由；(四)其他合伙人严重违反合伙协议约定的义务。"结合笔者对相关实务案例的梳理，裁判机关对投资者退伙事由成就与否的认定较为谨慎，"经全体合伙人一致同意"系最常被运用的退伙事由，(2016)苏 0291 民初 202 号、(2016)粤 0304 民初 10908 号、(2016)粤 03 民终 815 号等案件中裁判机关即基于该事由支持投资者的退伙请求。特别值得关注的是(2019)苏 04 民终 2605 号案件中阐述"合伙协议约定其他合伙人严重违反合伙协议约定的义务且经该合伙人监督协商无效，合伙人可以退伙，本案中，中汇金公司作为有限合伙人，其理应依据约定于 2015 年 6 月 30 日前将认缴出资 8000 万元汇入基金账户，但依据法院查明事实，中汇金公司一直未有资金缴纳至基金账户，即中汇金公司未履行合伙协议约定的出资义务，违反了协议约定"，但裁判机关亦未仅基于该事由支持投资者退伙请求，而是辅之以论述"青枫公司要求确认退出扬子基金，中汇金公司、扬子投资公司、邱国忠、扬子基金对该项诉讼请求不持异议，法院予以支持"，通过其他合伙人对案涉投资者退伙请求不表示反对(默认同意)的方式再次进行确认。(2017)粤 0303 民初 22045 号、(2018)粤 0303 民初 398 号、(2020)辽 0283 民初 1654 号、(2019)浙 0206 民初 235 号等案件中裁判机关则均以案涉投资者未举证证明存在合伙协议及《合伙企业法》第四十五条规定可以退伙的情形而驳回其退伙请求。

综上，笔者总结，因裁判机关仅在诉讼阶段介入并开始了解合伙企业的相关情况，认知受限于各方当事人提供的信息数量和质量，因此，其对《合伙企业法》第四十五条规定的(一)(三)(四)项等较为抽象退伙事由的判断趋于保守，倾向于运用"经全体合伙人一致同意"该类较为清晰明确的判断标准。而实践中，投资者参与投资私募基金，以管理人的募资为纽带，通常与其他数十位素不相识的投资者共同组建有限合伙企业，在底层项目出险时，各合伙人纷纷自行维权，寄望于全体合伙人一致同意通过某一投资者退伙，可能性极其微弱，难度颇高。

2. 退伙涉及的财产结算

如上述分析，投资者自主起诉主张退伙过程中退伙条件是否已成就的判断存在较大不确定性。更进一步，即使裁判机关认可投资者满足退伙条件，是否意味着投资者可获得全额投资款及相应投资收益的返还？答案是否定的。实务中诸多判决对此问题做出回应。如（2015）裕民二初字第 574 号案件中阐述"合伙人退伙应当先与其他合伙人按照退伙时的合伙企业财产状况进行结算，然后才能退还退伙人的财产份额。本案中，原告并未与其他合伙人进行结算而直接要求退还投资款及预期投资收益，该请求不符合法律规定，本院不予支持。"（2019）苏 04 民终 2605 号案件中阐述"依照合伙企业法的相关规定，合伙人退伙的，其他合伙人应当与该退伙人按照退伙时的合伙企业财产状况进行结算，退还退伙人的财产份额。退伙人在合伙企业中财产份额的退还办法，由合伙协议约定或者由全体合伙人决定，故退伙人退伙时应得的财产份额应首先按照合伙企业财产状况先行结算，并按照合伙协议约定的财产份额退还办法或全体合伙人的决定执行。而青枫公司在本案中径行要求退还投资额 1000 万元，其请求与前述法律规定相悖，故缺乏相应法律依据，本院难以支持。"

前述判决均提及退伙结算，退伙结算系投资者退伙至其获得投资财产份额返还之间的必经环节。《合伙企业法》第五十一条第一款规定："合伙人退伙，其他合伙人应当与该退伙人按照退伙时的合伙企业财产状况进行结算，退还退伙人的财产份额。退伙人对给合伙企业造成的损失负有赔偿责任的，相应扣减其应当赔偿的数额。"就退伙人在合伙企业中财产份额的具体退还办法，《合伙企业法》第五十二条规定："由合伙协议约定或者由全体合伙人决定，可以退还货币，也可以退还实物。"针对前述规定，笔者理解为某一合伙人退伙时，与其办理结算的义务人应系除其以外的其他合伙人，但相关财产份额的退还义务人应为合伙企业，因合伙企业系独立的组织体，合伙涉及的相关财产均在合伙企业名下。就此，实务中部分判决的阐述并不准确，如（2016）粤 03 民终 815 号案件中阐述"罗继红提前退伙，中房邦信合伙企业应当依照法律规定按其退伙时的合伙企业财产状况对相关损失和债务进行结算……因此，中房邦信合伙企业应当负有结算的义务，以证明罗继红在合伙期间应当承担损失还是分得盈利"，主张退伙结算义务人为合伙企业本身；（2016）粤 03 民终 1948 号案件中阐述"上诉人主张被上诉人鞍山新城产业引导股权投资基金合伙企业（有限合伙）向其返还投资款 160 万元，因该合伙企业是上诉人和其他合伙人出资成立的合伙企业，故上诉人返还投资款的诉求应向其他合伙人主张"，主张应由其他合伙人向退伙人返还投资款。前述观点笔者认为均有待商榷。除上述退伙结算义务人及退伙人财产份额返还主体外,关于退伙结算开展途径,最高人民法院在(2016)最高法民终 418 号案件中明确其亦可通过诉讼方式主张,"合伙企业法并未限制结算行为只能在诉讼外进行,原审法院要求投资者应在起诉前与其他合伙人先行结算,并提交结算后具体数额的证据,缺乏依据,撤销原审判决,发回重审。"

除上述外,《合伙企业法》第五十一条第二款规定,"退伙时有未了结的合伙企业事务的,待该事务了结后进行结算",即基金底层项目无法退出的情况下,基金一定程度上无法结算,投资者亦无法退出并要求返还相应投资款。如(2019)最高法民终 1574 号案件中所阐述:"犇宝公司入伙时缴付的出资属于泽洺企业的财产,犇宝公司退伙需与其他合伙人兆恒公司、域圣公司对退伙时泽洺企业的财产进行结算后,再依法向泽洺企业主张退还相应的财产份额。现犇宝公司在泽洺企业所持有的斯太尔股票未处置,且合伙人未对泽洺企业财产状况进行结算的情况下,要求泽洺企业全额退还其入伙出资本金无相应的事实与法律依据。"

三、其他尝试

除前述两大类尝试外,为摆脱基金底层项目无法退出的束缚及为避免承担投资亏损的风险,部分投资者在《民法典》合同编项下所做的尝试还包括合同未成立、合同未生效、管理人欺诈等,笔者以相关案例简述如下。

(一)主张合同未成立

(2017)京 02 民终 12390 号案件中投资者以未书面订立基金合同致基金合同未成立为由要求管理人返还投资本金,获得裁判机关支持。判决书具体论述:虽郝宏志向投资公司支付的 101 万元系为购买投资公司作为管理人销售的涉诉非公开募集基金,但鉴于郝宏志在收到投资公司邮寄的基金合同后并未签字确认,基金合同亦明确规定基金合同自管理人、托管人、投资者共同签署后成立,投资者在签署合同后方可进行认购、申购,投资公司亦未提交充分有效的证据证明其与郝宏志就涉诉基金合同的主要条款已经达成合意,投资公司以郝宏志的付款行为属于实际履约行为为由主张双方之间存在事实上的基金合同关系，依据不足。因基金合同未能成立，且投资公司亦未举证证明其收取涉诉款项具有其他合法依据，法院支持郝宏志要求投资公司返还涉诉款项本金及利息的请求。

（二）主张合同未生效

（2019）京02民终8082号案件中投资者以案涉基金合同未履行备案手续尚未生效为由要求管理人返还剩余投资本金，获得裁判机关支持。判决书具体论述：自2015年4月23日合同签订至今，启明乐投公司未办理基金备案手续，合同约定的生效条件始终未能成就，且其已向光大北京分行申请结息销户，故本案合同应当认定为不生效。启明乐投公司虽然已对陈慧萍交付的资金进行事实上的管理和运用，并向陈慧萍返还部分资金，但该事实不足以证明当事人已经合意变更合同的生效条件。启明乐投公司未履行备案手续导致合同生效条件不成就，启明乐投公司在合同未生效的情况下管理和运用委托资金并造成陈慧萍资金损失，属于有过错的一方，陈慧萍对此并无过错。因此，法院判令启明乐投公司向陈慧萍返还剩余投资本金并赔偿利息损失。

（三）主张管理人欺诈

（2018）最高法民终539号案件中投资者以普通合伙人在签订合伙协议时存在告知其虚假情况、隐瞒真实情况的欺诈行为，以此为由要求撤销合伙协议并要求基金、普通合伙人等共同返还其出资款，未获裁判机关支持。判决书具体论述：金元百利公司主张合伙协议系因为受到吾思基金的欺诈陷入错误，进而在错误的基础上违背其真实意愿所订立的，缺乏足够的证据予以证明。吾思基金作为合伙事务的执行人已将金元百利公司的出资款根据合伙协议的安排通过委托贷款借给了丰华鸿业公司，吾思基金并未取得合伙财产的所有权。因此，金元百利公司无权要求吾思基金向其返还出资款及利息。吾思十八期作为金元百利公司的出资对象，在符合法定条件的情况下，金元百利公司可以要求吾思十八期向其返还出资款。但本案中，金元百利公司关于合伙协议系另外一名合伙人吾思基金以欺诈的手段使其在违背真实意思的情况下订立的主张并不成立。此外，金元百利公司并未提供证据证明合伙企业吾思十八期存在《合伙企业法》第八十五条规定的解散事由。在合伙企业尚未解散且未完成清算的情况下,金元百利公司无权直接要求吾思十八期返还出资。

第二节 以管理人为着力点推进维权的多样尝试

当投资者所投款项被准确地界定为投资款,当投资者本身被准确地界定为须承担项目投资风险的主体,前述拟通过鉴定投资关系为借贷关系、主张合同解除、主张退伙等摆脱底层项目退出障碍限制,进而要求基金或管理人返还全部投资本金及收益的维权方式均将失去生存空间,投资者必须与基金管理人共同直面该障碍。然而,管理人最终是否需要承担相应责任则与其自身履职尽责情况密切相关。

一、管理人义务来源

管理人从基金设立开始至基金清算完结,参与基金"从生到死"的整个过程。在前述整个过程中管理人承担的义务分为法定义务和约定义务两方面。管理人对法定义务及约定义务的违反即构成管理人失职。

法定义务方面,管理人均受以《证券投资基金法》为首的一系列法律、行政法规、部门规章、自律规则等的规范,前述规则内容极其丰富,涵盖基金从资金募集、结构设计、备案管理、投资合规(具体又包括投前尽职调查、投资决策、投后管理)、信息披露、清算退出等各方面对管理人的要求。虽部分规则位阶较低,但根据实践效果检验来看,其对投资者进行监管投诉或诉讼求偿维权都颇有助益。除前述外,公司型基金、有限合伙型基金、契约型基金的管理人还基于其所存在的不同组织形式分别受《公司法》《合伙企业法》及《信托法》等组织法的规范。

约定义务方面,管理人的约定义务主要在公司章程、合伙协议、基金合同等文本内容中予以具体展现。前述文本中关于投资范围与比例、投资限制、关联交易、管理人报告义务等部分章节的内容实践中投资者可予特别关注,结合笔者观察,管理人失职行为在前述方面高发。

二、管理人失职情形下投资者维权思路

基金底层投资项目由管理人结合自身经验筛选并由其以基金名义或由其以自身名义代基金对外签订投资协议并支付投资款项,底层交易涉及的相关文件均由管理人保管,管理人对底层项目最为了解,是底层项目出险后实施追索的核心成员。但现实中部分管理人消极不作为或因有过多项目出险爆雷,积重难返,管理人拒绝应对,直接失联。前述情形下,管理人已构成重大失职。为及时止损维护自身合法权益,实践中投资者通常做如下两方面的三种选择:一方面主动推进底层项目追索,包括更换新管理人,继续以基金名义积极对外追索及绕过管理人直接对底层求偿两类选择;另一方面基于侵权或违约向管理人主张损害赔偿责任,该种情况下投资者对管理人行为的检视不再局限于基金退出阶段,而是跨越基金"募、投、管、退"全阶段对管理人履职行为的全面体检。

(一)主动推进底层项目追索

1.更换管理人

该方式项下投资者的整体思路仍期望借助管理人的力量统一对外向底层交易主体追索,原管理人失联的情形下该方式应用较多,实践中亦有成功案例。中隆华夏(北京)投资基金管理有限公司于2018年4月1日被中基协列入失联名单,并在同年的8月10日被注销。在此情况下,投资者通过召开基金份额持有人大会的方式更换基金管理人,更换前海恒泽荣耀(深圳)基金管理有限公司为新基金管理人,并成功在中基协完成公示备案手续。

以契约型基金为例,基金份额持有人大会的合法合规召开是完成管理人更换的核心基础,大会召集主体的确定、大会相关事项(包括召开时间、会议形式、审议事项、议事程序和表决方式等)的提前通知公告及大会决议的做出都对管理人能否成功更换具有重要影响,均须严格按照基金合同及相关法律法规的规范要求执行。一方面强调程序的规范性,另一方面亦涉及与全体投资者的联系沟通。因投资者通常情况下在地域上较为分散,一般由管理人点对点分别联系,管理人失联后,投资者间自行聚合联系存在现实困难。结合笔者参与的项目经验,此类情况下通常需要发挥托管人及基金份额登记机构的作用,因其掌

握所有投资者的构成信息及联系方式。此外，部分投资者需要承担临时组织者的身份与前述机构保持紧密沟通，在反馈更换旧管理人诉求的同时，亦须参与新管理人的联系、遴选。基金份额持有人大会关于更换管理人的有效决议做出后还须在中基协 ambers 系统中提交系列材料办理变更流程。

在有限合伙型基金中，在管理人与执行事务合伙人同一的情况下，则涉及执行事务合伙人除名程序。《合伙企业法》第四十九条对此设有详细规定，除名事由包括未履行出资义务；因故意或者重大过失给合伙企业造成损失；执行合伙事务时有不正当行为；发生合伙协议约定的事由等。执行事务合伙人除名决议须经其他合伙人一致同意，另除名决议做出的同时须就接纳新的执行事务合伙人做出决议，否则根据《合伙企业法》第七十五条规定有限合伙企业仅剩有限合伙人的，基金须解散。有限合伙基金中管理人的变更除须完成中基协层面的变更备案手续外，执行事务合伙人的变更亦须办理工商层面的核准备案手续。

如上所述基金管理人更换程序复杂、耗时较长，另涉及托管人的配合、新管理人的遴选等事项，沟通成本较高，实践中成功的案例数量有限。

2. 直接起诉底层交易主体

因更换管理人面临前述多项障碍，而更换管理人的主要目的在于及时推进底层追索，为实现该目的，部分投资者径直提起派生诉讼维权。派生诉讼的依据源自《公司法》第一百五十一条及《合伙企业法》第六十八条第二款第七项。笔者以后者为例展开具体介绍。

《合伙企业法》第六十八条第二款第七项规定的具体内容为："执行事务合伙人怠于行使权利时，（有限合伙人）督促其行使权利或者为了本企业的利益以自己的名义提起诉讼。"根据该条规定并结合(2016)最高法民终 756 号、(2016)最高法民终 19 号等派生诉讼实践案例，笔者总结有限合伙人提起派生诉讼应具备的要件如下：

（1）派生诉讼应由有限合伙人以自己的名义提出。

派生诉讼必须由有限合伙人提出，且有限合伙人必须以自己的名义提起诉讼。在有限合伙企业存在多个有限合伙人的情况下，派生诉讼无须由全体有限合伙人一同提起，亦无须在征得多数有限合伙人同意的情形下提起。鉴于有限合伙人的身份是派生诉讼的核心主体要件，在整个诉讼过程中，原告都须维持有限合伙人的身份，一旦出现退伙或转让全部出资额的情形，其将丧失相应的派生诉讼主体资格。此外,司法实践中通常会将有限合伙企业列为第三人参与派生诉讼,(2016)最高法民终 756 号、(2016)最高法民终 19 号案件中均采用此模式,对裁判机关全面查明案件事实颇有助益。

(2)派生诉讼在执行事务合伙人怠于行使权利之时方能提起。

根据《合伙企业法》规定,执行事务合伙人怠于行使权利是有限合伙人提起派生诉讼的必要前提,但执行事务合伙人怠于行使权利具体何指、实践中认定维度何如等均系较为抽象的命题,个案中通常成为双方当事人争议的焦点问题。就此,(2016)最高法民终 19 号案件中阐述:"世欣荣和公司在认为合伙企业东方高圣的权利被侵犯时,已经就相关问题向东方高圣及执行事务合伙人发函催告,要求东方高圣向法院提起民事诉讼,维护东方高圣的民事权利,东方高圣虽予以响应,但未依法提起民事诉讼,世欣荣和公司遂选择以自己的名义提起诉讼并无不妥,符合法律规定。"(2016)最高法民终 756 号案件中阐述:"案涉两笔委托贷款到期后不提起诉讼或仲裁,即为怠于行使权利。……和信资本公司明知一审诉讼却不积极应诉,……和信投资中心经送达开庭传票未到庭参加诉讼即视为和信资本公司怠于行使权利……和信资本公司在瑞智公司再次违约的情况下,依然未主动参加一审诉讼或以另行提起诉讼或仲裁的方式向瑞智公司主张权利……放任瑞智公司一再拖延到期债务,即是其怠于行使权利的证明。"根据最高人民法院的上述两份判决,笔者总结,实务中执行事务合伙人未及时通过诉讼或仲裁方式来维护合伙企业权益,通常被作为认定执行事务合伙人存在怠于行使权利行为的重要标准,但该标准不完全绝对。若诉讼虽开启但执行事务合伙人在诉讼中消极不作为仍可认定属于怠于行使权利的情形;或诉讼虽未开启,但执行事务合伙人可能通过协商和解等方式维护合伙企业权益,该类情况下通常由裁判机关结合实际磋商效果及投资者的具体态度予以综合判断。

(3)有限合伙人提起派生诉讼系为了有限合伙企业的利益。

有限合伙人提起派生诉讼的目的必须是有限合伙企业的利益,而非直接基于有限合伙人自身的利益,即有限合伙人在对相关方提起派生诉讼时,其所提出的诉讼请求之受益主体应为有限合伙企业(即要求底层交易主体向有限合伙企业履行义务或赔偿损失),而不能要求相关方直接向其自身履行一定给付或其他义务(即不能要求底层交易主体直接向有限合伙人兑付本金及收益)。

如上所述，有限合伙型基金派生诉讼目前有成功案例，且生效案例层级较高，经过最高人民法院的审判确认，但实践中投资者维权运用派生诉讼并不广泛，笔者归纳存在如下两方面原因：一方面，管理人与投资者之间存在严重的信息不对等状况，通常基金对外投资项目的交易文件并不会向投资者进行详细披露，或部分投资者虽取得交易文件，但文件中存在着部分关键信息被遮盖处理的情况或投资者获得的交易文本为未用印的版本。在管理人失联或拒绝配合的情况下，有限合伙人获取起诉所需的证据难度大，欠缺起诉所需的必要条件；另一方面，投资者参与投资的部分基金产品交易结构复杂，存在多层嵌套，派生诉讼亦无法直接穿透介入底层交易，派生诉讼的现实意义不大。

除派生诉讼外，投资者得向底层交易主体直接提起诉讼维权的情形，包括底层交易主体直接向投资者出具份额回购之类的增信函件等情形。如(2017)皖0102民初2448号案件中，底层交易主体及其法定代表人(同时为实际控制人)因共同向投资者出具承诺于一定期限前还清投资者所有本金及利息的承诺担保函而被裁判机关判定向投资者承担相应责任，裁判机关的具体裁判思路如下：案涉基金认购确认函等显示，李瑞年向融信金世转款200万元，融信金世应在约定的期限向李瑞年返还该款并支付固定收益，上述内容符合借款合同关系的法律特征，双方形成借款合同关系，永顺房地产公司及胡国开共同向李瑞年出具承诺担保函，承诺于2015年4月20日前还清所有本金及利息、罚息，永顺房地产公司构成债的加入，故李瑞年主张永顺房地产公司返还本金并支付利息及罚息，符合法律规定，应予支持。此类案件视基金具体交易结构设计而定，具有个案特殊性，且在监管持续要求去刚兑的大环境下，其生存空间亦逐渐压缩，笔者不再专门展开详细论述。

(二)基于管理人失职主张损害赔偿责任

囿于前述部分现实原因投资者无法直接通过派生诉讼等方式自行向底层交易主体追索，若管理人又持续消极不作为，投资者为避免自身完全陷入被动状态，通常对管理人提起诉讼主张损害赔偿责任，一方面投资者企图以此倒逼管理人积极开展底层追索，另一方面，投资者亦试图为自身潜在投资亏损的化解找到其他有力抓手。

1. 维权请求权基础的确定

此类案件中若投资者维权对象仅为管理人，存在侵权与违约竞合的情况，投资者择一即可。但纵观现实情况,投资者通常期望拉更多投资链条中的参与机构入局,包括产品购买时涉及的代销机构、基金对外投资涉及多层嵌套时该嵌套产品的管理人等。一方面,该类机构提供服务过程中可能确存在部分不规范行为,且与投资者损失产生之间存在因果关系;另一方面,列其为被告可一定程度对其施加压力,便于投资者查明该项投资涉及纠纷各环节事实。因此,综合考虑前述因素,又因投资者与该类机构之间通常无书面协议关系,侵权之诉成为投资者维权过程中更常见的选择。

2. 投资者损失确定涉及的相关问题

无论是以侵权还是以违约作为请求权基础,投资者损失均系权利主张的重要构成要件,在基金所投底层资产为非标准化债权或股权等流动性较差的资产,即底层退出存在障碍的情况下,投资者损失面临无法核算确定的难题。司法实践中存在多种不同的处理方式,笔者梳理较有代表性的两类判决阐述方式,具体呈现如表 3-1 所示。

表 3-1　实践中较有代表性判决的具体情况汇总表

代表案件	被告	产品①所投底层资产	起诉时底层情况	判决结果	裁判理由②
(2018)粤01 民终13452 号	有限合伙型基金、基金管理人、代销机构	某有限责任公司49% 股权(附回购等增信保障)	底层交易主体违约后,有限合伙对外提起诉讼,后调解结案,法院出具民事调解书,底层案件处于法院强制执行过程中	驳回投资者诉讼请求	投资者既未主张解除案涉合伙协议、解散合伙企业或要求退伙,也未要求对合伙企业进行清算等。投资者就涉案投资是否还能收回款项及收回的款项金额,目前均处于不确定状态;投资者在出现合伙投资风险时直接以物权保护为由要求案涉被告承担侵权赔偿责任,赔偿其投资本金及相应利息等,事实及法律依据不足

---

① 关于该问题的分析展开,因资管产品与私募基金投资者面临的情况相同,因此此部分笔者所罗列案例不局限于私募基金领域而是有所扩张,特别说明。

② 本表所列案件最终裁判结果的呈现与管理人履职状况、基金或资管产品的底层回收情况等各项因素均密切相关,为聚焦论述重点,本部分所列裁判理由主要围绕"基金或资管产品的底层回收情况"展开,其他部分可能予以概括或不专门论及,特别说明。

续　表

代表案件	被告	产品所投底层资产	起诉时底层情况	判决结果	裁判理由
(2019)沪0115民初10860号	集合资产管理计划管理人、信托计划管理人	集合资产管理计划投资信托计划后,再由信托公司对外与某上市公司开展股权收益权转让及回购交易(附上市公司实控人夫妇等的担保增信)	信托公司原状返还后,由案涉资管计划管理人通过诉讼向违约的上市公司主张回购并要求相关担保方承担连带保证责任,底层案件二审判决已生效	案涉资管计划管理人对投资者就资管计划经清算后未兑付的损失在本金300万元范围内承担20%的补充赔偿责任	就投资者的实际损失数额,可在案涉资管计划经清算明确剩余资产价值的基础上予以确定,但应在投资者投资本金300万元范围内

在该维权进路下,因基金底层资产流动性差,无法快速变现回收投资款,基金清算分配程序难以推进①,投资者无法准确量化自己已产生的投资损失,通常诉请要求赔偿全部未收回的投资本金及利息(或基金合同载明的预期收益)。如上表所列,裁判机关可能直接基于损失是否产生未确定径直驳回投资者诉讼请求。此类判决方式在投资者以违约损害赔偿为路径的维权选择下亦较为普遍,如(2018)最高法民终173号②等;另裁判机关可能先根据管理人的过错情况在案件中酌定其应赔偿的具体比例,并表述以"投资者在基金实际清算后未兑付的损失"(该结果将在未来被确定)为基数。较之被直接驳回诉讼请求,该类"胜诉判决"似乎对投资者更有利,但实际上该类判决将问题从审判端抛到了执

---

①　结合笔者自身经验,基金合同中通常约定以现金清算分配为原则,但即使设置非现金分配为补充形式,亦可能存在前提条件未实现或因底层资产及增信措施等拆分存在现实难度而实际上难以推进。

②　裁判原文表述为:"因案涉项目的两年信托期已届满,且未合法延期,李洪伟可向新华信托公司主张清算并分配。在新华信托公司尚未对案涉项目进行清算的情况下,不能确定因其违约延期的行为给李洪伟造成损失以及损失的大小,故在本案中李洪伟关于新华信托公司应当向其赔偿信托资金本金,并按照22.3%的年利率计算利息的请求不能成立。"

行端,该类判决几乎没有申请强制执行的可能性,投资者仍需经历漫长的等待。

"损失何时确定?"这是一个值得探讨的问题。基金开展无对赌回购安排的纯股权投资,若基金到期后,股权无法转让变现,是否须等待至标的公司清算,还是可在投资者起诉时通过引入第三方评估机构评定股权价值确定损失? 基金开展债权投资,若管理人积极维权获得胜诉判决,但债务人无财产可供执行,是否须在债务人破产清算后最终确定损失,还是以裁判机关的终本执行裁定书确定基金投资损失? 在该类以投资为基础的特别侵权案件中,损失的确定系强调不可逆的终局性还是一定程度上兼顾维权效率,实质在于将等待的成本分配由哪方承担,投资者还是管理人? 笔者认为应由裁判机关结合各方在交易过程中的具体情况具体判断,若管理人勤勉尽责,投资风险毫无疑问应完全由投资者承担。

当然除上述两种方式外,结合笔者实务经验,司法实践中若管理人在交易文件中存在类刚兑表述或在"募、投、管、退"进程中过错明显,同时基于社会维稳考虑,裁判机关亦可能通过各项事实的梳理、罗列、堆积,径直认定投资者的损失即为其全部未收回投资本金及利息(或基金合同载明的预期收益),如(2018)粤 0104 民初 35901 号、(2019)粤 01 民终 8838 号等。这类判决通常价值判断先行,确定裁判结果后再组织构建论证过程,因此论证过程的严密性、可推敲性值得商榷。此与笔者开篇所论私募基金在我国的发展历程相呼应,此类裁判与该现实背景密切相关,即投资者投资私募基金抑或对外借贷的真实意思表示案发后难以准确鉴定区分,体现出较强的过渡期色彩,在私募市场逐渐发展完善后将逐渐压缩其存在空间。

暂不考虑投资者损失确定的难题,即使在投资标的流动性较好的证券类投资基金中,底层标的能够及时处置进而明确投资者的具体投资亏损数额,投资者的权利主张亦存在其他障碍。

3. 管理人失职行为的认定

一方面表现在对管理人失职的举证认定困难(表现在具体构成要件中即为侵权行为或违约行为的认定):一、基金投资活动、日常事务开展均由管理人跟进,管理人手中掌握了全部材料,在投资者与管理人发生纠纷后,资料获取极其困难(如基金资金使用情况证明材料等)。如(2018)粤 04 民终 818 号案件中,原告向法院申请调取资管合同约定的实际投资方向、对象及投资的详细数据。原告认为该份证据可查清被告的投资方向和策略是否符合资管合同约定，对于厘清本案事实有着关键性作用，其无法自行获取。法院则以资管合同约定的实际投资方向、对象及投资的详细数据系当事人举证范畴，并非法院调查取证范畴，驳回了原告的该项请求。二、投资者接受投资宣传等过程中往往缺乏留痕意识，管理人纵使存在不规范行为，事后亦无法认定。综上，投资者在此类纠纷的举证方面完全处于劣势地位。

伴随着最高人民法院《九民纪要》的发布，前述问题有所缓和。该纪要第七十五条规定："在案件审理过程中，金融消费者应当对购买产品（或者接受服务）、遭受的损失等事实承担举证责任。卖方机构对其是否履行了适当性义务承担举证责任。卖方机构不能提供其已经建立了金融产品（或者服务）的风险评估及相应管理制度、对金融消费者的风险认知、风险偏好和风险承受能力进行了测试、向金融消费者告知产品（或者服务）的收益和主要风险因素等相关证据的，应当承担举证不能的法律后果。"该纪要第九十四条规定："资产管理产品的委托人以受托人未履行勤勉尽责、公平对待客户等义务损害其合法权益为由，请求受托人承担损害赔偿责任的，应当由受托人举证证明其已经履行了义务。受托人不能举证证明，委托人请求其承担相应赔偿责任的，人民法院依法予以支持。"综合前述规定，笔者认为就私募投资者向管理人主张因其"募、投、管、退"阶段的失职行为产生的损害赔偿责任时，关于管理人是否存在失职行为均应采举证责任倒置规则。此系管理人在基金"募、投、管、退"各阶段占主导地位的现实状态下，合理分配举证责任并平衡各方当事人权利义务的应有之义，也是间接敦促管理人勤勉履职，规范保存展业涉及的系列文件材料，实现私募行业（资产管理行业）长远规范发展的应有之义。

暂时抛开法律层面就此类案件举证规则的具体设计，笔者重点关注管理人在此类案件中通常被投资者"攻击"的失职行为类型，并对其进行相应归纳整理，以期通过司法大数据对管理人后续的规范展业提供警示，亦为投资者的专业维权拓展思路。以基金"募、投、管、退"四阶段为载体，笔者呈现具体信息如图3-3所示。

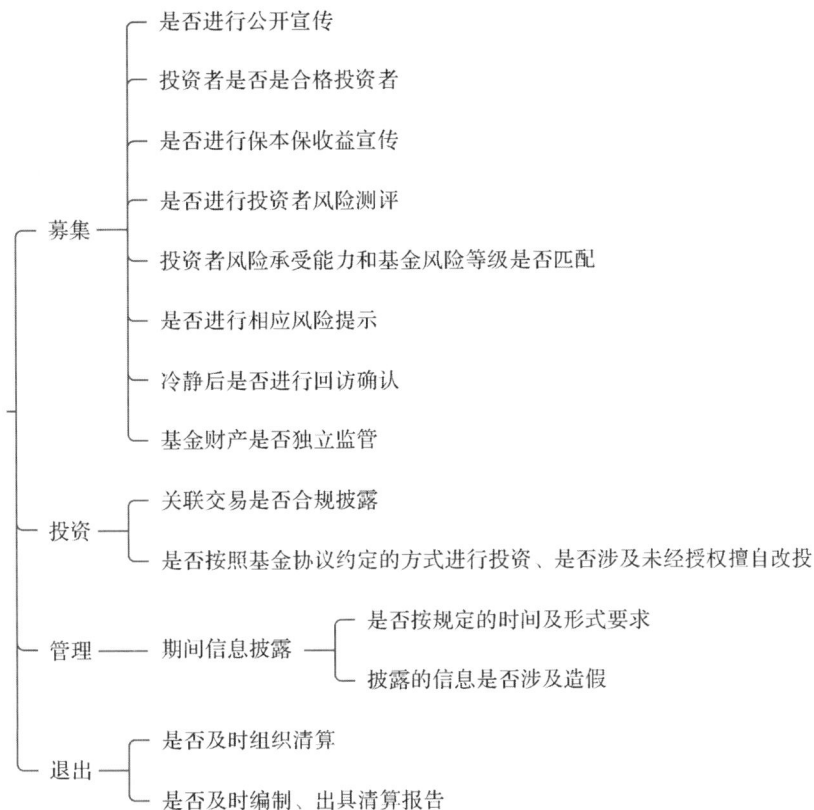

图 3-3　私募基金管理人通常被投资者"攻击"的失职行为类型

4. 投资者损失与管理人失职行为之间因果关系认定

因投资者损失与管理人失职行为之间是否具有因果关系及关联程度难以确定，特别在管理人的失职行为对投资者投资损失的产生不具有决定性作用的情况下，存在巨大的司法裁量空间。如（2016）京 0105 民初 11766 号案件中阐述："法院查明案件事实后认为管理人在履行信息披露及通知义务，管理财产及最后的清算分配等方面，均未尽到谨慎有效管理的义务，存在违约。上述违约行为使投资者无法及时了解涉案产品的具体情况，也无法在产品触及预警线和平仓线时及时通过追加增强资金方式减少损失。虽投资者追加增强资金可能并不能减少损失，但投资者对是否追加增强资金有选择权，在管理人没有及时通知投资者的情况下，使投资者丧失选择权。但案涉产品设立的主要目的在于对委托人的资金进行集中管理、运用或处分,以达资金的保值增值的目的。即管理人未履行信息披露义务、通知义务非产品损失的主要原因。产品损失时恰逢中国资本市场发生异动,股市大幅下跌,整体市场环境的影响是产品损失更为重要的原因。在此情况下,法院酌定管理人承担 30％ 的赔偿责任。"

第三节　投资者未来开展私募投资的提示与建议

逐渐趋于规范的私募投资市场,所谓的投资者维权实质上是限定在管理人(基金销售外包情况下还包括基金募集机构)的失职语境下,就投资者所产生的投资损失进行二次分配。面对诸多历史经验教训,投资者当然应更加深刻地领会"风险自担"的含义,并更加谨慎地做出自身的投资选择。结合笔者大量实践观察及司法实务经验,提供如下意见供投资者决策参考。

一、加强对基金底层的关注

当前市场上大部分投资者选择私募基金产品时缺乏对产品底层的细致关注,对管理人宣传的产品信息认知停留在较为宏观的层面,如管理人较为理想的历史业绩、较有发展前景的投资领域、交易主体或增信主体较为强大的股东背景(如大型国企央企等)等。建议着眼于具体项目细化观察考量点,如底层投资标的的流动性及后期可能的处置方式、处置后果,交易主体或增信主体的注册资本及实缴情况、资产及负债信息、舆情等。认购时向管理人咨询前述方面的深入对话亦可进一步检验管理人对项目的了解把握程度及其专业度。

二、谨慎投资多层嵌套产品

当前市场上爆雷私募产品涉及多层嵌套的占大多数,此类产品资金流向涉及环节较多,不易监管,极易出现资金池、资金挪用等不规范情形。且在管理人怠于向底层追索的情况下,若不涉及多层嵌套,投资者尚有通过派生诉讼进行权利主张的可能性,若多层嵌套,最上端的投资者运用派生诉讼追到最底层的可能性微弱,基本只能被动等待各层产品清算后层层向上分配。且一行(中国人民银行)两会(中国银保监会、中国证监会)管理局 2018 年 4 月 27 日联合印发的资管新规明确强调消除多层嵌套。

三、关注基金合同中的重要条款设置

基金合同中与投资者退出密切相关的条款包括基金议事规则、基金分配规则等。基金底层变现能力尚可的情况下，亦有可能因基金不合理的议事规则设置导致基金底层退出及清算僵局，如可考虑就决策沉默的投资者（指事项表决时不同意也不反对的投资者）的沉默行为设置明确的前置意思指向，或直接事先说明"沉默"的投资者将被剔除表决有效计算基数，从而推动部分投资者积极决策。就分配规则而言，建议充实非现金分配的细化落实举措，如底层资产系债权且附带增信的情况下，增信是否具有拆分落实可能性等。投资者可在这些方面做考量并积极与管理人沟通优化基金合同。

四、积极做好基金"投后管理"工作

部分投资者购买基金产品后对基金后续投资运行情况缺乏关注，导致维权时筹码有限。建议主动关注基金对外投资进展，对涉及的投资协议文本等进行获取保存。同时，建议积极参与基金份额持有人会议、获取管理人的定期信息披露报告，并在认为存在风险时要求管理人进行重大事项信息披露等。一方面给予管理人积极规范投资管理的压力，另一方面亦为自身后续通过派生诉讼等直接或间接的方式维护自身权益做好铺垫。

规范良性的私募市场有赖于投资者与基金销售机构、基金管理人等专业机构的合力塑造，只有投资者在投资选择过程中不断趋于理性，基金销售机构、基金管理人在"募、投、管、退"过程中不断趋于规范，"卖者尽责、管者尽责、买者自负"才能真正实现。

资管产品篇

近年来,我国资产管理业务快速发展,规模持续扩大,由于资产管理行业呈现分业经营、分业监管的格局,不同类别资产管理业务的监管规则和标准不一致,监管套利严重。同时,在我国,"受人之托、代人理财""卖者尽责、买者自负"等理念未贯彻落实,投资人债性投资思维严重,当资产管理产品无法正常兑付时,则进一步爆发资产管理业务纠纷,成为金融业界和法律领域共同关注的热点话题。监管机构充分认识到前述问题的影响,通过发布资管新规及相应落地细则规则,试图统一监管标准,打破刚性兑付,推动资产管理行业回归本源,逐步化解风险。本篇拟结合法律实务经验,对私募资产管理产品展开有针对性的分析解读。

本书第四章对我国资产管理行业版图及后资管新规时代资产管理行业的监管要求及动向进行介绍,以使读者对资产管理行业形成初步认识。

本书第五章以商业银行理财资金对外投资非标资产的主要路径为切入点,对典型资产管理产品资金端与资产端的交易结构进行介绍,以使读者了解资产管理业务的参与主体、常见交易安排。

本书第六章在第五章关于典型交易结构的基础上,对后资管新规时代强监管背景下,对资产管理产品投资人的维权路径开展分析,主要涉及投资人向底层、管理人、托管人、增信义务人进行追索涉及的相关法律问题,以期对投资人开展资产管理产品投资及出险后维权有所借鉴。

第四章　后资管新规时代的中国资产管理行业

第一节　我国资产管理行业版图

资产管理业务（下称"资管业务"）是指资产管理机构接受投资者委托，对受托的投资者财产进行投资和管理的金融服务，资产管理机构为投资者利益履行诚实信用、勤勉尽责义务并收取相应的管理费用，投资者自担投资风险并获得收益。

根据资管业务实践，资产管理机构包括银行、信托、证券、基金、期货、保险资产管理机构、金融资产投资公司等金融机构以及私募投资基金管理人等类金融机构。本书私募基金篇对私募投资基金管理人及其管理的私募投资基金进行深入分析，本篇仅以金融机构私募资管业务为讨论对象，并以私募资产管理产品（下称"资管产品"）投资非标资产所涉法律问题为讨论范围。

1997 年 11 月 14 日，国务院证券委员会发布了《证券投资基金管理暂行办法》，拉开了我国资产管理行业发展的序幕。随着资管业务的不断发展，我国大资管行业逐步形成了银行理财、信托业、证券资管、公募基金等细分行业，涉及银行、信托、券商、期货、公募、保险、私募等多个重要的金融市场主体，并且在具体的市场机构之上，还有一委（国务院金融稳定发展委员会）一行（中国人民银行）两会（中国银保监会、中国证监会）的管理架构。

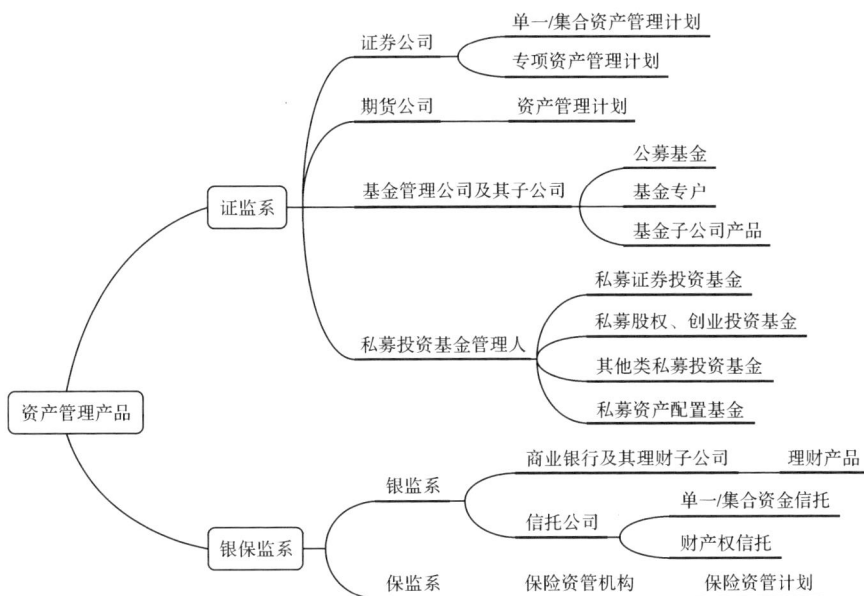

图 4-1 主要资产管理产品类别图

　　根据中基协官方公布的《资产管理业务数据（2020 年二季度）》①、中国信托登记有限责任公司官方公布的《2020 年 2 季度中国信托业发展评析》②、中国保险资产管理业协会产品官方公布的 2020 年 6 月中国保险资产管理业协会产品注册数据③，截至 2020 年二季度末，证监系资管、信托计划、保险资管规模如表 4-1 所示。

表 4-1　证监系资管、信托计划、保险资管规模

类别	业务类型	产品数量（只）	资产规模（亿元）	占比
证监系资管	公募基金	7197	169043.93	30.78%
	私募基金	86071	148980.52	27.12%

①　参见中国证券投资基金业协会网站资产管理行业概览，访问地址：https://www.amac.org.cn/researchstatistics/datastatistics/comprehensive/，2020 年 12 月 1 日访问。

②　参见中国信托登记有限责任公司网站统计分析，访问地址：http://www.chinatrc.com.cn/contents/2020/10/27—c2adb5aefb1446e891e6667a0ca41d5a.html，2020 年 12 月 1 日访问。

③　参见中国保险资产管理业协会网站产品注册数据，访问地址：https://www.iamac.org.cn/cpzc/zcsj/202008/t20200831_6767.html，2020 年 12 月 1 日访问。

续　表

类别	业务类型	产品数量(只)	资产规模(亿元)	占比
证监系资管	证券公司资管计划	16949	102633.4	18.69%
	基金公司资管计划	5571	43033.48	7.83%
	基金子公司资管计划	5212	38016.76	6.92%
	养老金①	1910	28314.12	5.15%
	资产支持专项计划	1792	17368.82	3.16%
	期货公司资管计划	1157	1876.84	0.34%
	合计	125859	549267.87	100.00%
信托	集合信托	—	102900	48.35%
	单一信托	—	73700	34.63%
	管理财产信托	—	36200	17.02%
	合计	—	212800	100.00%
保险资管	债权、股权投资计划	1461	32471.11	92.68%
	保险私募基金	30	2565.10	7.32%
	合计	1491	35036.21	100.00%

根据《中国银行业理财业务发展报告(2020)》,截至 2019 年末,全国共有 377 家银行业金融机构有存续的非保本理财产品,共存续 4.73 万只,存续余额 23.40 万亿元(不含理财子公司数据)。

第二节　后资管新规时代我国资产管理行业的监管

一、资管新规及其落地规定概述

资管业务在满足居民财富管理需求、优化社会融资结构、支持实体经济等方面发挥了积极作用。但在以机构监管而非功能监管划分的"分业经营,分业

① 此处养老金包括基金管理公司管理的社保基金、基本养老金、企业年金和职业年金,不包括境外养老金。

监管"格局下,同类资管业务的监管规则和标准不一致,监管套利活动频繁,部分金融机构以资管业务的名义对各类金融业务进行包装,产品多层嵌套、期限错配、以资金池方式运作,刚性兑付普遍,在正规金融体系之外形成监管不足的影子银行,加剧了风险的跨行业、跨市场传递。

基于上述大背景,2018 年 4 月 27 日,中国人民银行、中国银保监会①、中国证监会、国家外汇管理局制定的资管新规正式发布并实施,旨在按照资管产品的类型制定统一的监管标准,对同类资管业务做出一致性规定,实行公平的市场准入和监管,最大限度地消除监管套利空间,为资管业务健康发展创造良好的制度环境。其中,资管新规明确应另行制定的配套细则如表 4-2 所示。

表 4-2 资管新规明确应另行制定的配套细则

序号	资管新规明确应制定的配套细则		负责部门
1	各自监管领域的实施细则	中国人民银行负责对资管业务实施宏观审慎管理,会同金融监督管理部门制定资管业务的标准规制 金融监督管理部门实施资管业务的市场准入和日常监管,加强投资者保护,依照本意见会同中国人民银行制定出台各自监管领域的实施细则	中国人民银行、金融监督管理部门
2	非标准化债权类资产	标准化债权类资产的具体认定规则	金融监督管理部门
		有关投资于非标准化债权类资产的限额管理、流动性管理等监管标准	
3	商业银行信贷资产受(收)益权的投资限制		
4	流动性风险管理规定		
5	资产管理产品统计制度		中国人民银行会同相关部门

为契合资产管理行业发展现状,中国人民银行、中国银保监会、中国证监会、国家外汇管理局等机关根据资管新规第二十九条②精神就银行理财、信托计划、证券期货资管、保险资管等分别出台了相应配套细则,具体进展如表 4-3 所示。

---

① 2018 年 4 月 8 日,原中国银监会和原中国保监会正式合并成立中国银保监会。

② 资管新规第二十九条规定,本意见实施后,金融监督管理部门在本意见框架内研究制定配套细则,配套细则之间应当相互衔接,避免产生新的监管套利和不公平竞争。

表 4-3　资管新规及配套细则

适用的资产管理产品范围	资管新规及配套细则		
	生效日期	发布机构	名称
全部	2018-04-27	中国人民银行 中国银保监会 中国证监会 国家外汇管理局	《关于规范金融机构资产管理业务的指导意见》（银发〔2018〕106 号）
全部	2018-07-20	中国人民银行	《中国人民银行办公厅关于进一步明确规范金融机构资产管理业务指导意见有关事项的通知》
全部	2020-08-03	中国人民银行 中国银保监会 中国证监会 国家外汇管理局	《标准化债权类资产认定规则》（中国人民银行、中国银保监会、中国证监会、国家外汇管理局公告〔2020〕第 5 号）
全部	2019-11-08	最高人民法院	《最高人民法院关于印发〈全国法院民商事审判工作会议纪要〉的通知》（法〔2019〕254 号）
全部	2018-11-26	中国人民银行 中国证监会 中国银保监会 国家外汇管理局	《关于印发〈金融机构资产管理产品统计制度〉和〈金融机构资产管理产品统计模板〉的通知》（银发〔2018〕299 号）
全部	2018-12-14	中国人民银行	《中国人民银行办公厅关于黄金资产管理业务有关事项的通知》（银办发〔2018〕215 号）
全部	2019-07-22	上海黄金交易所	《上海黄金交易所黄金资产管理业务登记托管实施细则》
全部	2019-10-19	国家发改委 中国人民银行 财政部 中国银保监会 中国证监会 国家外汇管理局	《关于进一步明确规范金融机构资产管理产品投资创业投资基金和政府出资产业投资基金有关事项的通知》（发改财金规〔2019〕1638 号）
证监系	2018-10-22	中国证监会	《证券期货经营机构私募资产管理业务管理办法》（中国证监会令第 151 号）
证监系	2018-10-22	中国证监会	《证券期货经营机构私募资产管理计划运作管理规定》（证监会公告〔2018〕31 号）

适用的资产管理产品范围	资管新规及配套细则		
	生效日期	发布机构	名称
证监系	2019-05-01	中基协	《关于发布〈集合资产管理计划资产管理合同内容与格式指引（试行）〉〈单一资产管理计划资产管理合同内容与格式指引（试行）〉及〈资产管理计划风险揭示书内容与格式指引（试行）〉的通知》（中基协发〔2019〕3 号）
证监系	2019-06-03	中基协	《证券期货经营机构私募资产管理计划备案管理办法（试行）》（中基协发〔2019〕4 号）
证监系	2019-12-06	中国证监会	《证券期货经营机构管理人中管理人（MOM）产品指引（试行）》（证监会公告〔2019〕26 号）
证监系	2020-08-10	深圳证券交易所 中国证券登记结算有限责任公司	《现金管理产品运作管理指引》（深证会〔2020〕426 号）
证监系—证券公司资管	2018-11-28	中国证监会	《证券公司大集合资产管理业务适用〈关于规范金融机构资产管理业务的指导意见〉操作指引》（证监会公告〔2018〕39 号）
银保监系—银行理财	2018-09-26	中国银保监会	《商业银行理财业务监督管理办法》（银保监会令 2018 年第 6 号，下称"理财新规"）
银保监系—银行理财	2018-12-02	中国银保监会	《商业银行理财子公司管理办法》（银保监会令 2018 年第 7 号）
银保监系—银行理财	2019-10-18	中国银保监会	《中国银保监会办公厅关于进一步规范商业银行结构性存款业务的通知》（银保监办发〔2019〕204 号）
银保监系—银行理财	征求意见阶段（2019-12-27）	中国银保监会 中国人民银行	《中国银保监会、中国人民银行就〈关于规范现金管理类理财产品管理有关事项的通知（征求意见稿）〉公开征求意见的公告》
银保监系—银行理财	2020-03-01	中国银保监会	《商业银行理财子公司净资本管理办法（试行）》（银保监会令 2019 年第 5 号）
银保监系—金融资产投资公司	2018-06-29	中国银保监会	《金融资产投资公司管理办法（试行）》（银保监会 2018 年第 4 号）

续　表

适用的资产管理产品范围	资管新规及配套细则		
	生效日期	发布机构	名称
银保监系—金融资产投资公司	2020-04-16	中国银保监会	《中国银保监会关于金融资产投资公司开展资产管理业务有关事项的通知》(银保监发〔2020〕12号)
银保监系—信托	2018-08-17	中国银保监会信托监督管理部	《信托部关于加强规范资产管理业务过渡期内信托监管工作的通知》(信托函〔2018〕37号)
银保监系—信托	2020-05-08	中国银保监会	《中国银保监会就〈信托公司资金信托管理暂行办法(征求意见稿)〉公开征求意见的通知》
银保监系—信托	2018-09-18	中国信托业协会	《信托公司受托责任尽职指引》
银保监系—保险资管	2018-10-24	中国银保监会	《中国银保监会关于保险资产管理公司设立专项产品有关事项的通知》(银保监发〔2018〕65号)
银保监系—保险资管	2018-10-26	中国银保监会	《中国银保监会关于〈保险资金投资股权管理办法(征求意见稿)〉公开征求意见的公告》
银保监系—保险资管	2020-05-01	中国银保监会	《保险资产管理产品管理暂行办法》(银保监会令2020年第5号)
银保监系—保险资管	2020-09-07	中国银保监会	《中国银保监会办公厅关于印发组合类保险资产管理产品实施细则等三个文件的通知》(银保监办发〔2020〕85号,即《组合类保险资产管理产品实施细则》《债权投资计划实施细则》《股权投资计划实施细则》)

　　资管新规及其配套细则重塑了我国资产管理市场的监管制度和规则体系,影响巨大,引发各界热议。

二、后资管新规时代资管业务的监管要求

(一)明确资管业务应持牌经营

　　2017年7月,我国第五次全国金融工作会议强调,要坚持从我国国情出发推进金融监管体制改革,增强金融监管协调的权威性、有效性,强化金融监管的

专业性、统一性、穿透性,所有金融业务都要纳入监管,及时有效识别和化解风险。资管新规对此一脉相承,明确规定资管业务作为金融业务,属于特许经营行业,必须纳入金融监管。

(二)明确资管业务及产品的定义、分类,实现机构监管与功能监管相结合

资管新规对资管业务的定义和资管产品的范围做出了明确界定,涵盖的范围更广,统一性更高,主要采用如下分类维度:(1)按照募集方式分为公募产品(向不特定公众公开发行)、私募产品(向合格投资者非公开发行)。(2)按照投资性质的不同分为固定收益类产品(投资债权类资产的比例不低于 80%)、权益类产品(投资权益类资产的比例不低于 80%)、商品及金融衍生品类产品(投资商品及金融衍生品的比例不低于 80%)和混合类产品(未达到前述三类标准的产品)。在该等产品分类基础上进一步规定有针对性的监管要求。

(三)打破刚性兑付

"刚性兑付"区别于"正常兑付"。"刚性"系指底层资产出现风险导致资管产品无法正常兑付时,原本仅有义务以资管产品项下实际财产为限向投资者进行兑付的资产管理人通过各种方式向投资者进行兑付,确保投资者收回投资本金并实现相应投资收益。①

在资管新规发布前,多个文件均提及打破刚性兑付,但成效不大。例如:2017 年 3 月 15 日,全国人民代表大会发布的《第十二届全国人民代表大会第五次会议关于 2016 年国民经济和社会发展计划执行情况与 2017 年国民经济和社会发展计划的决议》第(五)条即明确,抓好对资产管理市场的统一监管,有序打破刚性兑付,确保不发生系统性风险。此外,金融监督管理部门亦曾发布包括但不限于表 4-4 所列的规定,明确不得有保本保收益等类似表述。

---

① 参见任国兵、林淑兰:《资管新规关键词解读系列(一):打破刚兑》,载"北京市竞天公诚律师事务所公众号",访问地址:https://mp. weixin. qq. com/s? _biz=MzA4MjU5MTU wOQ == &mid = 2653784219&idx = 1&sn = 262ee37c1ad6d365b28ee106e5360139&chksm= 845a42e1b32dcbf7850d035ddab8edc17ac607465841bd294173fc82a730fd87dd40a6dfcc68&scene=21 # wechat_redirect,2020 年 12 月 1 日访问。

表 4-4　金融监督管理部门发布的不得有保本保收益等类似表述的部分规定

文件名称	相关规定
《中国银行业监督管理委员会关于完善银行理财业务组织管理体系有关事项的通知》（银监发〔2014〕35号）	四、行为规范是指银行开展理财业务应符合以下行为规范要求：（一）销售行为规范。销售行为规范是指银行必须严格落实监管要求，不得提供含有刚性兑付内容的理财产品介绍；不得销售无市场分析预测、无风险管控预案、无风险评级、不能独立测算的理财产品
《中国银监会办公厅关于 2014 年银行理财业务监管工作的指导意见》（银监办发〔2014〕39 号）	各监局：为进一步加强银行理财业务监管，解决银行理财业务的风险传递和刚性兑付等问题，探索理财业务服务实体经济的新模式，切实促进银行理财业务合规、健康和持续发展，现就 2014 年银行理财业务监管工作提出以下意见
《银行业金融机构"监管套利、空转套利、关联套利"专项治理工作要点》	二、监管套利 （二）规避监管政策违规套利 3.利用不正当竞争套利。重点检查包括但不限于：（6）是否通过签订"阴阳合同"或抽屉协议等行为为非保本理财提供保本承诺
《商业银行个人理财业务风险管理指引》（银监发〔2005〕63 号）	第十五条：非保本浮动收益理财计划是指商业银行根据约定条件和实际投资收益情况向客户支付收益，并不保证客户本金安全的理财计划
《信托公司集合资金信托计划管理办法》（银监会令〔2007〕3 号）	第八条：信托公司推介信托计划时，不得有以下行为：（一）以任何方式承诺信托资金不受损失，或者以任何方式承诺信托资金的最低收益
《信托公司管理办法》（中国银行业监督管理委员会令〔2007〕第 2 号）	第三十四条：信托公司开展信托业务，不得有下列行为：（三）承诺信托财产不受损失或者保证最低收益
《中国银监会办公厅关于进一步加强信托公司风险监管工作的意见》（银监办发〔2016〕58 号）	第二条第（一）款第三项：各银监局不仅要关注信托项目兑付风险化解，更要重视实质风险化解。指导信托公司完善信托产品违约处理机制，做好舆情监测和正向引导、投资者教育和安抚、风险处置预案等工作；综合运用追加担保、资产置换、并购重组、诉讼追偿等方式，积极化解信托存量风险；加大固有不良资产风险化解和核销力度。要特别关注信托公司通过各类接盘方式化解信托项目兑付风险情形，应将接盘的固有资产及为第三方接盘提供的担保纳入不良资产监测，将接盘的信托项目（如资金池项目、TOT 项目）纳入信托风险项目要素表持续监测，督促化解实质风险

续　表

文件名称	相关规定
《证券期货经营机构私募资产管理业务运作管理暂行规定》(证监会公告〔2016〕13号)	第三条:证券期货经营机构及相关销售机构不得违规销售资产管理计划,不得存在不适当宣传、误导欺诈投资者以及以任何方式向投资者承诺本金不受损失或者承诺最低收益等行为,包括但不限于以下情形: (一)资产管理合同及销售材料中存在包含保本保收益内涵的表述,如零风险、收益有保障、本金无忧等; (二)资产管理计划名称中含有"保本"字样; (三)与投资者私下签订回购协议或承诺函等文件,直接或间接承诺保本保收益; (四)向投资者口头或者通过短信、微信等各种方式承诺保本保收益
《期货公司监督管理办法》(中国证监会令第110号)	第六十八条:期货公司及其从业人员从事资产管理业务,不得有下列行为:(二)向客户做出保证其资产本金不受损失或者取得最低收益的承诺
《期货公司资产管理业务试点办法》(证监会令第81号)	第四十七条:期货公司或者其业务人员开展资产管理业务有下列情形之一,情节严重的,中国证监会可以停止其资产管理业务,并依照《期货交易管理条例》第六十六条、第六十七条等有关规定做出行政处罚;涉嫌犯罪的,依法移送司法机关:(六)向客户承诺或者担保委托资产的最低收益或者分担损失
《保险资产管理公司管理暂行规定》(中国保险监督管理委员会令2004年第2号)	第三十八条:保险资产管理公司不得有下列行为:(一)提供担保;(二)承诺受托管理的资金不受损失或者保证最低收益

即使有上述规定,资管产品本身的灵活性及资产管理从业人员的创新早已将显性"刚性兑付"演变为隐性"刚性兑付",通过交易结构的设计而非文字的直观表述实现刚性兑付效果,具有较强的隐蔽性。

资管新规通过列举及兜底的方式对刚性兑付的核心特征进行概括[①],同时,对刚性兑付规定了行政处罚等负面法律后果,以期从根本上打破刚性兑付,真正

[①]　资管新规第十九条规定,经金融管理部门认定,存在以下行为的视为刚性兑付:(一)资产管理产品的发行人或者管理人违反真实公允确定净值原则,对产品进行保本保收益。(二)采取滚动发行等方式,使得资产管理产品的本金、收益、风险在不同投资者之间发生转移,实现产品保本保收益。(三)资产管理产品不能如期兑付或者兑付困难时,发行或者管理该产品的金融机构自行筹集资金偿付或者委托其他机构代为偿付。(四)金融管理部门认定的其他情形。

实现"卖者尽责、买者自负"，回归资管业务的本源。

(四)去杠杆、去通道、消除多层嵌套

资管新规明确资管产品可以投资一层资管产品，所投资的资管产品不得再投资其他资管产品(投资公募证券投资基金除外)，并要求金融机构不得为其他金融机构的资管产品提供规避投资范围、杠杆约束等监管要求的通道服务，并对资管产品设定了统一杠杆比例，以期从源头上减少通过多层嵌套、通道业务进行监管套利的动机。此外，监管机构结合实际情况，对符合条件的政府引导基金、创投基金，可豁免认定为一层资管产品。

(五)规范资金池

为防范流动性风险及风险通过资金池模式相互传导，资管新规明确规定金融机构应当做到每只资管产品的资金单独管理，单独建账，单独核算，不得开展或者参与具有滚动发行、集合运作、分离定价特征的资金池业务，从而建立资金端与资产端的对应关系。

(六)明确非标债权类资产投资限制，减少影子银行风险

《标准化债权类资产认定规则》对标准化债权类资产进行了规定，标准化债权类资产之外的债权类资产均为非标准化债权类资产。金融机构发行资产管理产品投资于非标准化债权类资产的，应当遵守金融监督管理部门制定的有关限额管理、流动性管理等监管标准。该等规定系避免资管业务异化为变相的信贷业务从而减少影子银行风险。

三、后资管新规时代的新动向

资管新规发布后，金融管理部门进一步加强了资管行业相关法律制度和规则体系建设，加大了对影子银行和交叉金融领域乱象的整治力度，资管行业统一监管框架初步形成，行业治理和乱象整治取得重要成效。

考虑到整改的难度及整改实际进展情况，2020年7月31日，经国务院同意，中国人民银行会同国家发改委、财政部、中国银保监会、中国证监会、国家外汇管理局等部门审慎研究决定，资管新规过渡期延长至2021年底，过渡期延长不涉及资管新规相关监管标准的变动和调整。各金融机构首要任务为按照过渡期安排，积极落实存量资管业务的整改,否则将面临相应不利法律后果,例如:理财新规规定,对于未严格执行整改计划或者整改不到位的商业银行,应适时采取相关监管措施。①

可预期的是,后续金融管理部门将继续完善配套政策安排,为存量资产处置提供更多的方式和渠道。但需注意的是,目前部分配套细则正式稿尚未落地,例如银行现金管理类理财产品管理办法、资金信托管理办法等,作为资管新规的配套细则,其过渡期与资管新规一致,其正式出台时间越晚,为金融机构预留的整改过渡时间越少,不排除进一步冲击市场的可能性。

---

① 理财新规第八十一条第一款规定,过渡期内,商业银行新发行的理财产品应当符合理财新规规定;对于存量理财产品,商业银行可以发行老产品对接存量理财产品所投资的未到期资产,但应当严格控制在存量产品的整体规模内,并有序压缩递减。第二款规定,银行业监督管理机构监督指导商业银行实施整改计划……对于未严格执行整改计划或者整改不到位的商业银行,适时采取相关监管措施。第三款规定,过渡期结束之后,商业银行理财产品按照本办法和资管新规进行全面规范管理,因子公司尚未成立而达不到第三方独立托管要求的情形除外;商业银行不得再发行或者存续不符合资管新规和理财新规规定的理财产品。对此,银行应严格执行整改计划,进一步落实新规对理财业务的监管要求,如未严格执行整改计划或者整改不到位的,银行业监督管理机构有权采取相关监管措施。

第五章　典型资产管理产品的交易结构

第一节　典型交易结构概述

根据资管新规及其细则，结合笔者业务经验，观其本质，所有的资管业务及其对外投资的交易结构均由资金端、资产端构成，具体如图 5-1 所示。

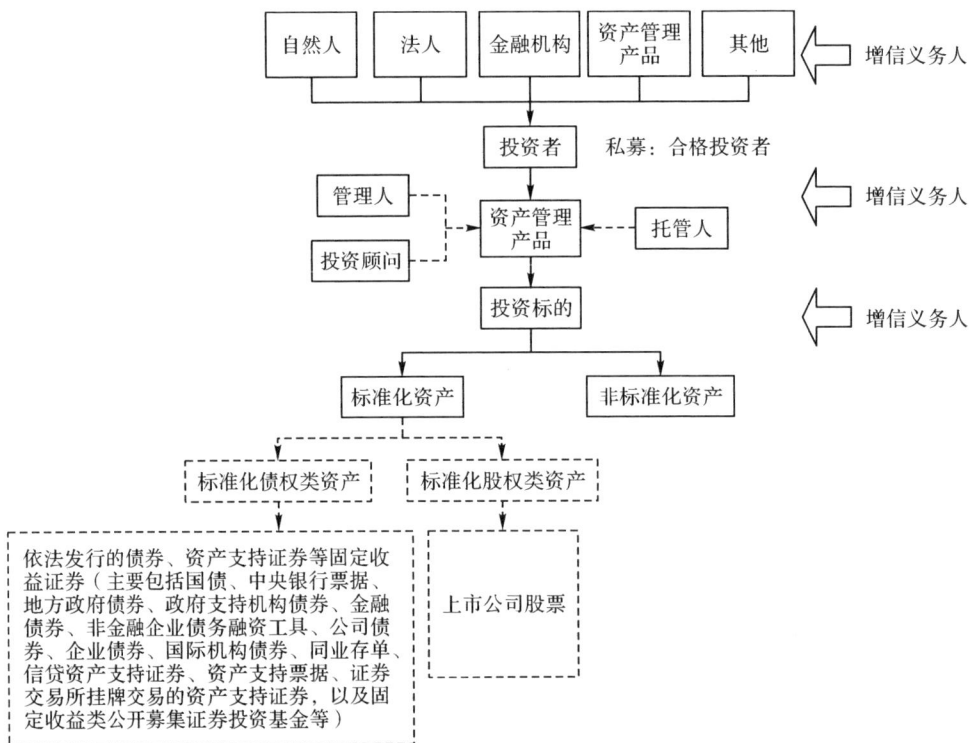

图 5-1　资管业务及其对外投资的交易结构示意图

资金端涉及的交易主体如表 5-1 所示。

表 5-1　资金端所涉交易主体

投资人	认购资管产品份额并出资,将资产委托给管理人用于投资的主体,对于私募产品而言,应符合合格投资者标准
管理人	承担资产管理职能,履行受托管理职责的主体
托管人	提供资金、资产托管服务
投资顾问	提供投资建议
增信义务人	为投资人、资管产品的投资提供信用增级

资金端涉及的增信措施包括但不限于优先劣后的结构安排、保证/抵押/质押等常见担保形式、让与担保等非常见担保形式、回购资管产品份额、差额补足等。

第二节　商业银行理财资金对外投资的主要路径
——以银行理财业务为例

《中国银行业理财业务发展报告(2020)》显示,截至 2019 年底,非保本理财产品的投资资产以固定收益类资产为主,排名前四的投资资产类型分别为债券(占比59.72%)、非标准化债权类资产(占比 15.63%)、权益类资产(占比 7.56%)、拆放同业及买入返售(占比 6.57%)。银行理财业务的投资管理模式转型如图 5-2 所示。

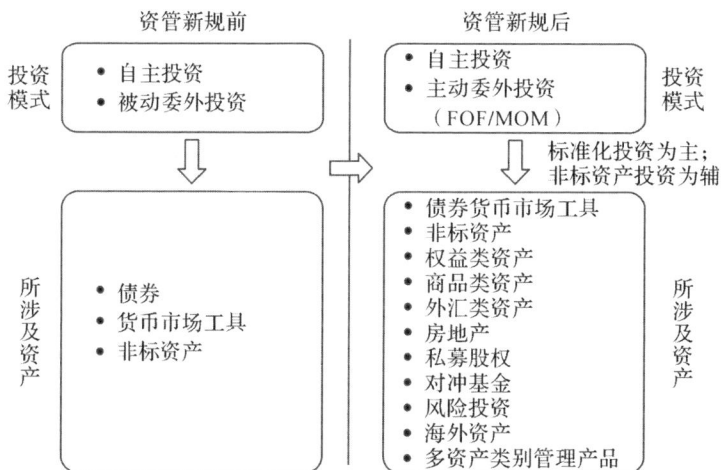

图 5-2　银行理财业务投资管理模式转型前后示意图

尽管资管新规及理财新规发布后,银行理财业务投资管理模式有了较大优化,但在过渡期内整改难度较大的系"老产品",尤其是新规发布前通过同业投资所形成的对非标债权类资产及权益类资产的承接和处置。

所谓"同业投资",主要系指金融机构购买同业金融资产或其他金融机构发行的资管产品的投资行为[①],对于银行而言,即"银信合作""银证合作""银基合作"等,具体见图5-3。

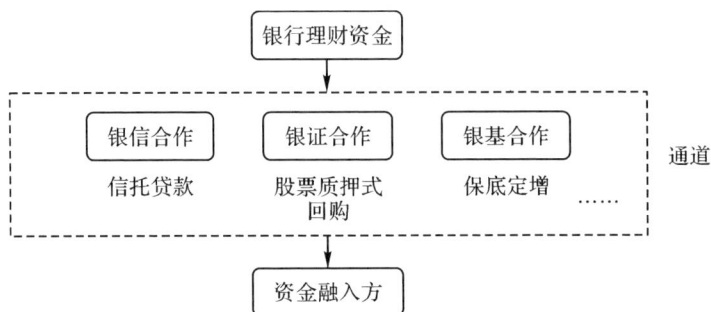

图 5-3　银行同业投资业务模式示意图

银信合作、银证合作交易结构示例如下。

一、底层为信托贷款

银行以理财资金认购单一/集合资金信托计划(图5-4、图5-6),或认购定向资产管理计划后进一步嵌套单一/集合资金信托计划(图5-5),信托计划向融资人发放信托贷款,或用于受让融资人持有的应收债权并由融资人承诺回购应收债权。

---

① 根据《关于规范金融机构同业业务的通知》(银发〔2014〕127号)规定,同业投资是指金融机构购买(或委托其他金融机构购买)同业金融资产(包括但不限于金融债、次级债等在银行间市场或证券交易所市场交易的同业金融资产)或特定目的载体(包括但不限于商业银行理财产品、信托投资计划、证券投资基金、证券公司资产管理计划、基金管理公司及子公司资产管理计划、保险业资产管理机构资产管理产品等)的投资行为。

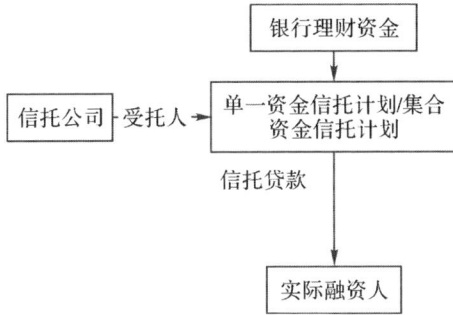

图 5-4 认购单一/集合资金信托计划的交易结构图

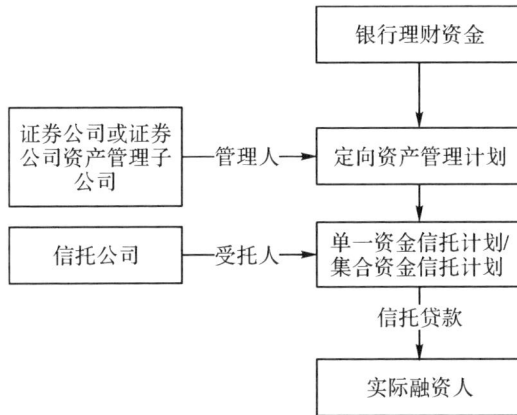

图 5-5 认购定向资产管理计划后进一步嵌套单一/集合资金信托计划的交易结构图

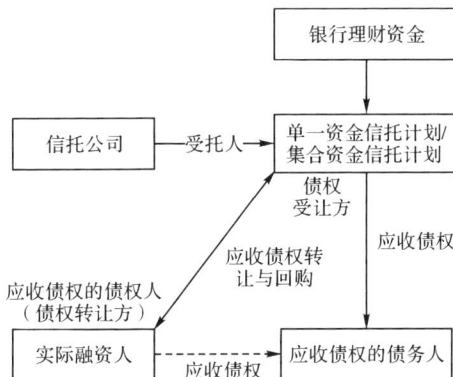

图 5-6 认购单一/集合资金信托计划并受让应收债权情形的交易结构图

二、底层为股权类资产

银行理财资金通过通道投资于上市公司股票或有限责任公司股权,具体为:(1)银行以理财资金认购定向资产管理计划,并进一步通过特殊目的载体(单一资金信托计划或定向资产管理计划或有限合伙企业有限合伙份额等),最终持有上市公司股票或有限责任公司股权(图5-7);(2)银行以理财资金认购定向资产管理计划,定向资产管理计划认购合伙型私募基金的基金份额,并进一步嵌套单一资金信托计划或委托有限责任公司投资并持有上市公司股票(图5-8),具体如下。

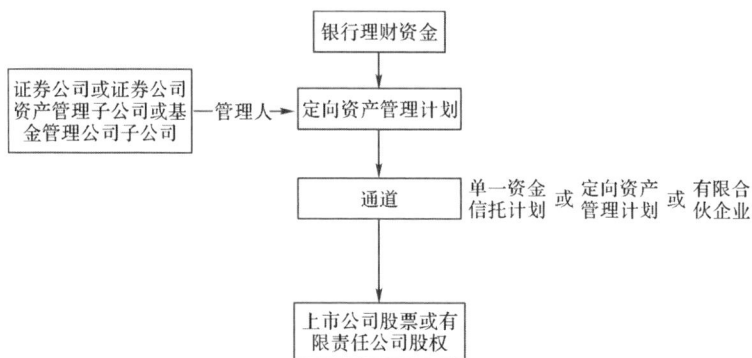

图 5-7　认购定向资产管理计划并进一步通过特殊目的载体最终持有上市公司股票或有限责任公司股权的交易结构示意图

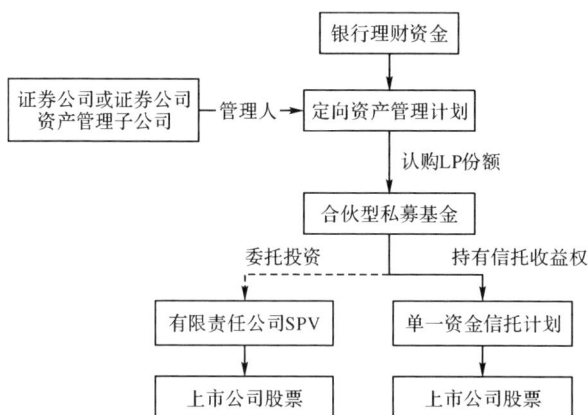

图 5-8　认购定向资产管理计划,定向资产管理计划认购基金份额,并进一步嵌套单一资金信托计划或委托有限责任公司投资并持有上市公司股票的交易结构示意图

三、底层为股权质押式回购

银行以理财资金通过单一资金信托计划间接认购证券公司发行的定向资产管理计划(图 5-9)或以理财资金直接认购证券公司发行的定向资产管理计划(图 5-10)。再由定向资产管理计划进一步作为资金融出方与持有标的证券的资金融入方开展股票质押式回购业务,具体如下。

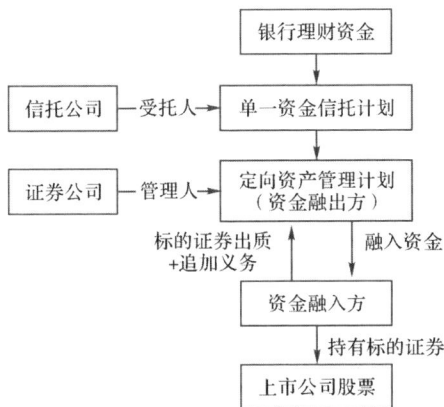

图 5-9　认购单一资金信托计划并进一步嵌套证券公司定向资产管理计划的交易结构示意图

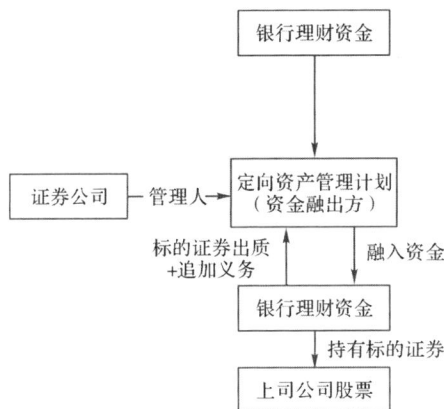

图 5-10　直接认购证券公司发行的定向资产管理计划的交易结构示意图

在强监管背景下,上述交易结构在权利人主张权利时可能涉及的法律问题,具体将在第六章进行分析。

第六章　强监管背景下资管产品投资人维权涉及的若干法律问题

第一节　投资人维权路径概述

资管产品的投资人包括自然人、法人、金融机构、其他资管产品等普通投资者、专业投资者,当资管产品到期无法向投资人进行兑付时,投资人常见维权路径大致如下:

(1)自行或通过管理人向底层融资人、资产端设置的增信义务人追索。此时面临的困境主要包括投资人是否为权利主张的适格主体、多层嵌套或资金池运作导致无法识别底层、管理人不予配合等;

(2)向管理人主张;

(3)向托管人主张违反法律法规规定或合同约定,未尽托管职责;

(4)向资金端设置的增信义务人主张。

结合第二章所述资管产品的典型交易结构,过渡期内需整改的存量资管产品在交易结构设计层面即存在影响投资人权利实现的因素,具体分析如下:

一、多层嵌套影响投资人投资回收及底层资产处置

首先,如从资金端到资产端的投资链条上均为单一投资人的资管产品,则较易于识别底层资产,但如嵌套集合类资管产品,或与其他资管产品混同运作,则难以构建资金端与资产端的对应关系。

其次,受限于合同的相对性以及信托财产/资产管理计划财产/基金财产的独立性,在通道机构未逐层向上原状返还且相关合同未就投资人的诉权等有特

殊安排的情形下，投资人无法直接向底层融资人及增信义务人追索，需通道或通道机构配合进行追索。而通道机构逐层向上原状返还的，除通知义务人外，还涉及相关财产权利（如股权、担保物权等）的变更登记，在底层已出险的情形下，存在相关义务人不配合办理的风险。

二、非优先级投资方不享有对底层回款的优先分配

投资人（或其控制的特殊目的载体）投资集合类资管产品的，如投资人作为劣后级投资方，根据资产管理合同的通常约定，需劣后于优先级投资方获得分配；如投资人与其他投资方无优先劣后安排，根据资产管理合同的通常约定，原则上需与其他投资方按比例参与分配。优先劣后结构性安排的项目中，在底层已出险的情形下，即使通过底层融资人、增信义务人履行、担保物处置或诉讼追索实现底层回款，依据资产管理合同约定，无法实现底层回款优先用于向劣后级投资人进行分配。

三、委托投资交易结构影响投资人的权利主张

实践中，投资人或资管产品存在委托他人实施投资的交易安排，包括委托他人代为登记为权利人（含担保物权人），该等项目中，主要存在如下法律风险：

第一，由他人代为持有相应权益（如股权、股票、不动产所有权等），名义持有人的资信情况对底层资产及项目风险的管控具有重要影响。

以代持股票为例，如发生名义持有人的债权人对其所持股票申请采取财产保全措施或强制执行的情形，尽管实际持有人有权根据《中华人民共和国民事诉讼法》第二百二十七条规定提起案外人异议，主张相应股票为其所有。但根据《公司法》第三十二条规定，公司应当将股东的姓名或者名称向公司登记机关登记；登记事项发生变更的，应当办理变更登记；未经登记或者变更登记的，不得对抗第三人。同时，最高人民法院在"中信银行股份有限公司济南分行、海航集团有限公司执行异议之诉"①一案中从"实际出资人与名义股东的内部代持法

---

① 最高人民法院(2016)最高法民再360号再审民事判决书，裁判日期：2018年12月28日。

律关系""信赖利益保护""债权人和隐名股东的权责和利益分配""司法政策价值导向"角度出发论证并最终判决实际出资人不能对抗人民法院对名义股东代持股权的强制执行，其中提出"在涉案股份的实际出资人与公示的名义股东不符的情况下，法律不仅应优先保护信赖公示的与名义股东进行交易的善意第三人，也应优先保护名义股东的债权人的权利。中信济南分行对涉案股份申请强制执行具有信赖利益并应优先保护"。对此，笔者认为，在发生上述情形时，实际持有人的异议能否获得支持存在不确定性。

第二，委托他人代持担保物权的，真实的担保物权人能否实现担保物权需进一步考察担保物权的归属、效力等问题。

四、收益权投资且未对资产设立质押或抵押影响权利人的优先受偿

采用收益权转让交易安排的项目，融资人直接持有股票/股份/土地使用权并向资管通道转让收益权，同时承诺对收益权进行远期回购，即资管产品的底层不直接持有股票/股份/土地使用权，后续即使管理人依约逐层向上原状分配至投资人，投资人仍不直接持有股权、股票等资产。如未进一步采取将股票/股份/土地使用权资产进行质押或抵押的，在进行底层追索时，权利人将无法就土地使用权、股份的变现价值优先受偿。

第二节　投资人向底层主张权利

一、投资人底层追索的困境

投资人底层追索困境已如上述，本书将结合法律法规规定及相关案例，对投资人是否为权利主张的适格主体展开详细分析。实践中，在如下情形下法院可能认定投资人系适格的权利主张主体：

（1）投资人投资的资管产品具备独立的主体资格，投资人依据组织法的相关规定提起派生诉讼，如合伙型私募基金［《合伙企业法》第六十八条第（七）项］、公司型私募基金（《公司法》第一百五十一条），具体详见本书私募基金篇，此处不再赘述。

（2）底层融资合同或增信文件约定投资人享有诉权。例如，在"温州银行股份有限公司与长城影视文化企业集团有限公司合伙企业财产份额转让纠纷"①一案中，银行通过中信证券管理的定向资管计划持有有限合伙份额，长城影视公司承诺满足特定条件下回购定向资管计划所持合伙份额，且在回购合同中约定，如回购义务人未依约履行回购义务的，则中信证券或定向资管计划委托人（即银行）均可直接向长城影视公司进行追偿。对此，法院认定回购合同系当事人的真实意思表示，不违反法律、行政法规的禁止性规定，确认有效，银行作为定向资管计划的委托人，根据上述回购合同可直接向长城影视公司进行追偿。

（3）依据资产管理合同约定的原状分配条款，由管理人向投资人进行原状分配后进行权利主张。在单一投资人的资管产品（如单一资金信托计划、定向资管计划）中，产品性质通常更偏向于通道业务，故均会约定原状分配条款。

在集合类资管产品中，因涉及多个投资人，以资管产品终止时所持财产的现状向各投资人进行分配的具体操作仍有待各方协商一致后执行，故较少在集合类资管产品设立时约定详细的原状分配条款，通常不约定，或约定为份额持有人会议等决策机构的决策事项，留待后续决策。

（4）如未约定原状分配条款，或原状分配难以实施，则考虑论证构成委托法律关系，依据《民法典》第九百二十五条②、第九百二十六条③行使委托人的介入权。

---

① 浙江省杭州市中级人民法院(2018)浙01民初4933号，裁判日期：2019年9月23日。

② 《民法典》第九百二十五条规定："受托人以自己的名义，在委托人的授权范围内与第三人订立的合同，第三人在订立合同时知道受托人与委托人之间的代理关系的，该合同直接约束委托人和第三人；但是，有确切证据证明该合同只约束受托人和第三人的除外。"该条系沿用原《合同法》第四百零二条规定。

③ 《民法典》第九百二十六条规定："受托人以自己的名义与第三人订立合同时，第三人不知道受托人与委托人之间的代理关系的，受托人因第三人的原因对委托人不履行义务，受托人应当向委托人披露第三人，委托人因此可以行使受托人对第三人的权利。但是，第三人与受托人订立合同时如果知道该委托人就不会订立合同的除外。

"受托人因委托人的原因对第三人不履行义务，受托人应当向第三人披露委托人，第三人因此可以选择受托人或者委托人作为相对人主张其权利，但是第三人不得变更选定的相对人。

"委托人行使受托人对第三人的权利的，第三人可以向委托人主张其对受托人的抗辩。第三人选定委托人作为其相对人的，委托人可以向第三人主张其对受托人的抗辩以及受托人对第三人的抗辩。"

2018 年 10 月 22 日,中国证监会相关部门负责人就《证券期货经营机构私募资产管理业务管理办法》及其配套规则(统称"资管细则")答记者问,其中提及资管细则依法明确各类私募资管产品均依据信托法律关系设立,包括以下三方面规定:一是明确资管计划财产独立,独立于管理人、托管人的固有财产。二是规定"卖者尽责、买者自负",经营机构勤勉尽责,坚持客户利益至上,明确经营机构应履行的各项主动管理职责。三是在资产管理计划证券账户、期货账户名称,以及资管计划所持证券的权利行使等方面,进一步明确其区别于投资者所有的证券的相关要求,落实信托法律关系。

但在最高人民法院于 2019 年 11 月 8 日发布的《九民纪要》第八十八条第二款规定,"根据《关于规范金融机构资产管理业务的指导意见》的规定,其他金融机构开展的资管业务构成信托关系的,当事人之间的纠纷适用信托法及其他有关规定处理",该条明确了非信托公司发行的资管产品亦可能构成信托法律关系,但并未一刀切地规定一律构成信托法律关系,而是有赖于具体情形的个案判断。

在去通道、回归资产管理本源的大背景下,监管机构越来越倾向于对资管产品按照信托的逻辑进行监管。但按照《九民纪要》的思路,不当然构成信托法律关系,尤其是在由投资人主导的被动管理型资管产品(如单一资金信托、定向资管计划)中,应适度承认投资人作为委托人的介入权,以此减少投资人的维权成本。

在合同没有约定或约定不明情况下,不同的法律性质对投资人、管理人的权利影响较大,就司法层面的法律关系定性而言,可根据我国现行法律体系项下对委托与信托的不同规定,结合具体资产管理合同的约定、投资人和管理人具体行使权利和履行义务的方式、委托财产权属是否转移等甄别和判断资产管理合同的法律属性,进而明确投资人、管理人的权利义务。

二、信托通道类资管业务中委托人的权利保护——从原状分配条款出发

本部分拟从原状分配条款出发,对信托通道类资管业务中委托人的权利保护进行详细分析。

(一)问题的提出

案例一：委托人淮南商贸中心，同时作为受益人，自愿将其合法持有的资金委托给受托人长安信托设立信托计划。双方约定将信托资金用于受让融资方鑫诚地产所持有的位于黄山市徽州区迎宾大道 666 号黄山自驾车营地房产对应的特定的物业收益权。信托合同中约定了原状分配条款。现融资方未履行物业收益权的回购义务，故委托人将受托人长安信托、融资方鑫诚地产以及投融资财务服务提供方中行淮南分行作为被告，提起诉讼。① 具体如图 6-1 所示。

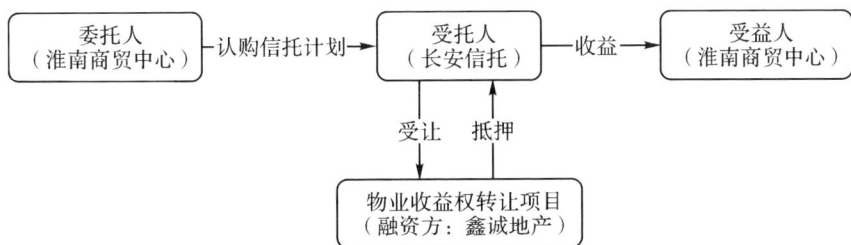

图 6-1　淮南商贸中心与长安信托、融资方鑫诚地产及中行淮南分行纠纷之法律关系示意图

案例二：深圳华宸未来资产管理有限公司（下称"华宸未来"）与投资人共同设立"华宸未来-湖南信托志高集团专项资产管理计划"。后华宸未来将专项资产资金委托给国元信托，并确定由国元信托定向投资至湖南信托发起设立的"淮南志高动漫产业文化园项目贷款单一资金信托"。后由于湖南信托未做到审慎尽职调查的义务，最后导致发生兑付危机。投资者以华宸未来为被申请人向上海国际经济贸易仲裁委员会申请仲裁，请求撤销资产合同及返还财产。仲裁委对上述仲裁请求不予支持。具体交易结构如图 6-2 所示。

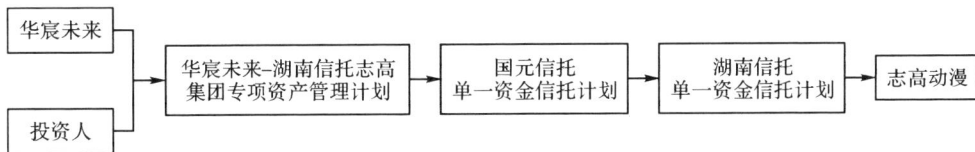

图 6-2　华宸未来-湖南信托志高集团专项资产管理计划的交易结构示意图

---

① 陕西省高级人民法院(2016)陕民终 179 号二审民事判决书，裁判日期：2016 年 4 月 12 日。

由于委托人资金不能直接用于对外投资或放款等，所谓的通道类业务随之产生。此类业务结构中，融资方及相关项目往往已由委托人自行选定。受托金融机构（如证券公司、信托公司等）仅作为委托人的通道，收取较低的通道费用，并不对实际投向的融资方及项目进行审查。但此时，融资方的直接交易主体为通道方，委托人如何绕过层层通道，向融资方主张责任？本部分拟通过对信托业务中的通道业务进行探讨，同时在此明确讨论的范围为自益信托，即委托人与受益人同一。同时结合相关案例，对委托人的保护提出一些建议。

（二）信托通道类资管业务的概述

1. 信托通道类资管业务的概念及特征

通道类信托业务，又称事务管理类信托业务或被动管理型信托业务，是指委托人决定信托设立、信托财产运用对象、信托财产管理运用处分方式等事宜，自行负责前期尽职调查及存续期信托财产管理，自愿承担信托投资风险，受托人仅负责账户管理、清算分配及提供或出具必要文件以配合委托人管理信托财产等事务，不承担积极主动管理职责的信托业务。[①]

通道类信托有如下特征：①信托设立之前的尽职调查由委托人或其指定的第三方自行负责。信托公司有权利对信托项目的合法合规性进行独立的尽职调查。②信托的设立、信托财产的运用和处分等事项，均由委托人自主决定或信托文件事先明确约定，委托人对信托财产有完全的管理、使用、处分的权利。③信托公司仅承担一般信托事务职责，依法履行必须由信托公司或必须以信托公司名义履行的管理职责，包括账户管理、清算分配及提供或出具必要文件以配合委托人管理信托财产等事务，不进行主动管理。④信托终止时，以信托财产实际存续状态转移给信托财产权利归属人，或信托公司根据委托人的指令对信托财产进行处置。通道类业务两个重要的判断标准为较低的信托报酬率及信托合同中原状分配条款的设置。

2. 信托通道类资管业务的相关规定

2013 年，国务院下发《国务院办公厅关于加强影子银行监管有关问题的通

---

① 详见《关于调整信托公司净资本计算标准有关事项的通知（征求意见稿）》第二条。

知》(国办发〔2013〕107号),其中明确规定信托公司不可以开展非标准化理财资金池等有影子银行特征的业务。[1] 同时还明确金融机构之间的业务,都必须以合同形式明确风险承担责任主体和通道功能主体。[2]

2014年,中国银监会下发《中国银监会办公厅关于信托公司风险监管的指导意见》(银监办发〔2014〕99号),其中明确要求确定通道类信托业务的参与主体责任。金融机构之间的交叉产品和业务,必须以合同形式明确投资底层资产的风险责任承担主体,提供通道的一方为投资项目事务风险的管理主体,厘清权利义务。[3]

2014年,中国银监会下发《关于调整信托公司净资本计算标准有关事项的通知(征求意见稿)》,对通道类信托业务的概念、特征以及重要判断标准都进行了明确,但该征求意见稿未正式颁布生效。

《九民纪要》第九十三条规定,当事人在信托文件中约定,委托人自主决定信托设立、信托财产运用对象、信托财产管理运用处分方式等事宜,自行承担信托资产的风险管理责任和相应风险损失,受托人仅提供必要的事务协助或者服务,不承担主动管理职责的,应当认定为通道业务。资管新规第二十二条在规定"金融机构不得为其他金融机构的资产管理产品提供规避投资范围、杠杆约束等监管要求的通道服务"的同时,也在第二十九条明确按照"新老划断"原则,

---

[1] 《国务院办公厅关于加强影子银行监管有关问题的通知》第三条第(三)款规定,加快推动信托公司业务转型。明确信托公司"受人之托,代人理财"的功能定位,推动信托公司业务模式转型,回归信托主业。运用净资本管理约束信托公司信贷类业务,信托公司不得开展非标准化理财资金池等具有影子银行特征的业务。建立完善信托产品登记信息系统,探索信托受益权流转。

[2] 《国务院办公厅关于加强影子银行监管有关问题的通知》第三条第(四)款规定,规范金融交叉产品和业务合作行为。金融机构之间的交叉产品和合作业务,都必须以合同形式明确风险承担主体和通道功能主体,并由风险承担主体的行业归口部门负责监督管理,切实落实风险防控责任。

[3] 《中国银监会办公厅关于信托公司风险监管的指导意见》第三条第(一)款第1项规定,明确事务管理类信托业务的参与主体责任。金融机构之间的交叉产品和合作业务,必须以合同形式明确项目的风险责任承担主体,提供通道的一方为项目事务风险的管理主体,厘清权利义务,并由风险承担主体的行业归口监管部门负责监督管理,切实落实风险防控责任。进一步加强业务现场检查,防止以抽屉协议的形式规避监管。

设置过渡期,确保平稳过渡。在过渡期内,对通道业务中存在的利用信托通道掩盖风险,规避资金投向、资产分类、拨备计提和资本占用等监管规定,或者通过信托通道将表内资产虚假出表等信托业务,如果不存在其他无效事由,一方以信托目的违法违规为由请求确认无效的,人民法院不予支持。至于委托人和受托人之间的权利义务关系,应当依据信托文件的约定加以确定。

尽管资管新规规定金融机构不得为其他金融机构的资管产品提供规避投资范围、杠杆约束等监管要求的通道服务,但其所禁止的仅系为其他金融机构提供监管套利便利的通道业务,未完全禁止通道业务。在中国信托登记有限责任公司关于信托产品的公示信息中,公示的信托产品仍包括承担"投资类""融资类"及"事务管理类"功能的产品。

(三)委托人在对信托通道类业务主张权利时的障碍

由于通道类业务往往采用多层嵌套结构,委托人一般不是底层融资合同的主体,委托人一般可以通过直接向通道方主张权利,或者通过信托合同中的原状分配条款向融资方主张权利。但是当嵌套多层通道后,合同中的不确定性、受托人与融资方之间的互相推诿都会导致权责不分,最终委托人利益无法受到保护。

1. 合同的相对性

合同是特定主体之间的权利义务关系,除非法律或合同另有规定,合同不对合同当事人以外的任意第三人发生效力。委托人未与融资方直接签订合同,而是通过信托计划、资管计划等间接地将资金投向融资方。通道类信托业务中,信托公司只收取相应通道费,并不实际管理项目,当发生风险时,委托人通过合同也仅能要求与委托人签订信托合同的信托公司承担责任时,该信托公司往往拒绝承担责任。

2. 原状分配条款的实施

信托合同原状返还、分配条款,是指在信托法律关系中,信托受托人不以现金方式而是以信托财产权利的现存状态(如房屋抵押权、股权质押权等)等向受益人(即委托人)进行返还或分配,受益人取得原状形式财产后,信托关系即终止。受益人成为权利人后,可以依法或依合同约定向融资方主张权利。

《信托法》规定,信托文件应对受益人取得信托利益的形式、方法进行约定。《集合资金信托计划管理办法》规定,清算后的剩余信托财产,分配方式可采取现金方式、维持信托终止时财产原状方式或者两者的混合方式。采取维持信托终止时财产原状方式的,信托公司应于信托期满后的约定时间内,完成与受益人的财产转移手续。信托财产转移前,由信托公司负责保管。据此,信托财产完成向受益人的转移手续后,信托公司即完成原状分配义务。

虽然《集合资金信托计划管理办法》规定原状分配条款必须完成财产的转移,但是该办法仅是对集合资金信托计划的监管性文件,且效力级别仅为部门规章。因此实际开展业务时,信托合同各方在未按要求完成财产的转移时即终止信托合同。同时在交易过程中,信托公司处于优势地位,当其开展通道类信托业务时,为了减少风险,信托公司往往要求在信托合同中约定,当受托人向受益人发出原状分配通知时,受托人即完成合同项下全部信托利益的分配,信托计划即终止。

信托计划项下有价值的财产一般需要经过登记等公示方式才能对第三人产生效力。不同性质的财产,在进行原状分配时会产生如下情况:

(1)债权及其对应的担保物权。

根据《民法典》第五百四十六条第一款,债权人转让债权,未通知债务人的,该转让对债务人不发生效力。因此,若分配的财产为债权,当受托人与受益人达成转让合意时,债权即发生转让。

此前,在债权转让后,相应的担保物权归属在法律及判决中存在争议。其一,根据《城市房地产抵押管理办法》第三十七条等,债权转移的,需要重新办理抵押登记。同时部分判例持有上述观点,如金华市婺城区人民法院(2014)金婺商特字第 2 号民事裁定书。其二,根据《合同法》第八十一条、《物权法》第一百九十二条、《最高人民法院关于适用〈中华人民共和国担保法〉若干问题的解释》(下称"《担保法司法解释》")第七十二条等,未办理抵押变更登记,债权受让人亦取得抵押权。最高人民法院与部分地方法院在判决中均持此观点,如最高人民法院(2015)民申字第 2040 号民事裁定书。因此,虽然判例中一般认定是否办理登记对担保物权的实现影响不大,受益人可以径直主张债权及担保物权,但仍有部分法院认为债权转让后抵押权丧失。

但在《民法典》正式实施后该等争议将逐渐消弭,其第五百四十七条第二款已明确规定,受让人取得从权利不因该从权利未办理转移登记手续或者未转移占有而受到影响。

同时要提示注意的一点是,根据《民法典》第四百二十一条,最高额抵押担保的债权确定前,部分债权转让的,最高额抵押权不得转让,但当事人另有约定的除外。若在最高额抵押合同中未做出特殊约定,最高额抵押权可能会丧失。

(2)有形资产。

有形财产需要经过登记或交付方能转移所有权,此时存在善意第三人取得该财产所有权的风险。

(3)其他无形财产及相关财产性权利。

无形财产包括股权、合伙企业份额、有价证券、知识产权等,此时需要具体查明法律对受益人是否具有资质的特殊要求、是否需要特殊审批,同时需要查明公司章程、合伙协议等是否对股权、合伙企业份额等转让有限制;相关财产性权利包括信托受益权需资管计划管理人记录在案,但同时要核实相关信托合同、资产管理合同中是否存在限制性约定。若发生上述情形,原状分配条款实质上将无法实施。

综上,尽管委托人通过原状分配条款能够成为权利人,但在权利的主张过程中仍存在众多问题。

(四)通道类业务中委托人保护的途径

1. 加强信托业务开展的合规性

资管产品涉及多个金融机构开展交叉业务,业务结构复杂,委托人一般无法直接接触所投项目。此时各个金融机构应尽到审查义务,并将真实情况及时向投资人进行披露,使其能够正确地衡量资管产品的风险,同时厘清风险发生后各方的权利义务。

2. 设计完善的原状分配条款

信托合同是平等民事主体之间订立的民事合同,各方的权利义务应该受信托合同的约束。由于合同具有相对性,因此只有在法定或合同另有约定的情况下,合同当事人才能对合同以外的第三人主张权利。原状分配条款是向第三人主张权利的有效途径之一。以上述淮南商贸物业收益权项目案件为例,淮南商贸以营业信托纠纷为案由提起诉讼,根据合同相对性原则,融资方鑫诚地产并不是该案的适格被告。但三方在该项目开展过程中,签订了极为详细的信托财产原状分配协议,同时结合转让回购协议、抵押合同等,法院认定鑫诚地产为涉案特定物业的所有人、信托财产支出的特定物业收益权转让款的收款人、特定物业收益权回购款的支付主体、抵押人,参与了涉案信托业务的运作,为该案的适格被告。因此,对于原状分配条款,应当注意以下内容:

(1)对于原状分配条款进行单独签署,并要求委托人、受托人、融资方三方共同签署。

(2)信托关系终止后,应当在信托合同中约定受托人除一般信托管理以外的职责,包括但不限于保管融资方移交或受托人占有的信托财产、配合委托人及行政机关办理信托财产的转移手续、代受益人向融资方提起诉讼主张权利等。

(3)当信托财产无法转移,应当在信托合同中约定受托人的以下义务:第一,在原状分配条款可以执行时,配合委托人或受益人办理相关信托财产转移的手续;第二,妥善保管信托财产,当实际无法进行原状分配或进行原状分配无法及时保护受益人利益时,应当按照受益人的要求对信托财产进行处分,同时配合受益人或代受益人提起诉讼、申报破产债权等;第三,当发生损害信托财产安全的状况时,受托人应当通知受益人;第四,在受益人接受原状分配后尚未做出指示前,受托人仍应尽到最低水平的财产保管和维护义务,如及时主张债权以免诉讼时效届满而未主张权利等。

(4)上述情况中,受益人要求受托人承担上述一般信托管理以外的职责,为避免发生纠纷,同时应在信托合同中约定履行职责的具体事项、信托报酬、受托人不履行上述义务的违约责任,并就受益人不配合原状分配所应当承担的法律责任及信托财产的后续处理等做出约定。

(五)总结

尽管目前主动管理型产品为监管导向,但通道类业务作为资管产品的重要类型,仍有其存在的必要性。委托人(受益人)与受托人应当在合同中将双方的权利义务予以明确，以有利于各方当事人主张自己的权利。

第三节 投资人向管理人、托管人主张权利

如上所述，投资人径直向底层进行追索受到诸多因素的限制，例如底层资产是否具备价值、资管产品的性质、权利主张主体有无特殊约定、有无约定原状分配条款以及实施有无障碍、投资人通过原状分配取得底层资产后是否具备处置能力等。

由于资管业务的本质系受人之托、代人理财，在投资人因投资资管产品遭受损失时，尤其是底层资产无法识别、不真实或无价值的情形下，向管理人主张赔偿责任通常为投资人的第一选择。

根据包括但不限于资管新规第十四条、《证券投资基金法》第三十二条、《证券投资基金托管业务管理办法》第三条、《证券期货经营机构私募资产管理业务管理办法》第十三条规定，我国资管产品的托管人由具备托管资质的商业银行或其他金融机构担任。其中，根据《证券投资基金托管业务管理办法》第八条关于申请基金托管资格的相关准入条件之规定，依据该规定核准的托管人，其净资产不低于200亿元人民币，具备较强的履行能力，因此，托管人亦属于投资人考虑的维权对象之一。

一、投资人向管理人主张

投资人通常基于如下理由对管理人进行主张：

（1）依据管理人提供的保底承诺进行主张。该等保底承诺的效力问题详见本章第四节之分析。

（2）投资人通常将复盘管理人"募、投、管、退"过程中存在的未尽相应职责的行为，并主张该等行为与损失之间存在因果关系，例如：

①管理人未依法依规履行募集程序，其中尤以主张未履行投资者适当性义务为多。根据《九民纪要》规定，适当性义务是指卖方机构在向金融消费者推介、销售银行理财产品、保险投资产品、信托理财产品、券商集合理财计划、杠杆基金份额、期权及其他场外衍生品等高风险等级的金融产品，以及为金融消费

者参与融资融券、新三板、创业板、科创板、期货等高风险等级投资活动提供服务的过程中,必须履行的了解客户、了解产品、将适当的产品(或者服务)销售(或者提供)给适合的金融消费者等义务。适当性义务的履行是"卖者尽责"的主要内容,也是"买者自负"的前提和基础。

②管理人未履行受托管理职责。资管新规规定,金融机构未按照诚实信用、勤勉尽责原则切实履行受托管理职责,造成投资者损失的,应当依法向投资者承担赔偿责任。

《九民纪要》发布后,金融消费者保护再次掀起讨论热潮,本书通过如下两则典型案例对资管产品的销售适当性进行详细分析。

案例1:王会兰与中国工商银行股份有限公司北京龙潭支行财产损害赔偿纠纷①。具体如图 6-3 所示。

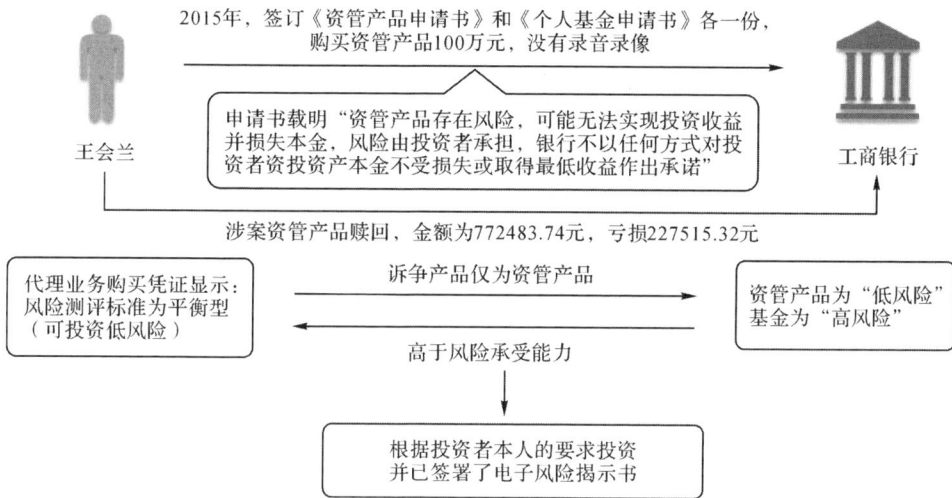

图 6-3　王会兰与中国工商银行股份有限公司北京龙潭支行财产损害赔偿纠纷示意图

该案中,一审法院判决银行不承担责任,理由如下:王会兰作为完全民事行为能力人,应当对自己所进行的民事行为具有相应的辨别力和判断力,王会兰在购买案涉产品前已亲自签署了代理业务申请书、风险揭示书等相关文件,文

---

① 北京市第二中级人民法院(2019)京 02 民终 15312 号二审民事判决书,裁判日期:2019 年 12 月 31 日。

件中载明进行投资所应承担的可能风险,故应视为其已知晓所包含的投资风险;王会兰主张银行的员工通过虚假陈述等方式欺骗其购买案涉产品致使其资金受损,但未能提交证据予以证明;王会兰作为投资者,应当承担正常投资活动可能产生的损失,银行在这一过程中并无侵权行为,不应承担赔偿责任。

二审法院改判银行对王会兰主张的本金损失承担约30%的赔偿责任,其主要适用侵权责任的构成要件展开论证,核心争议焦点包括:

(1)银行在王会兰购买案涉金融产品的过程中是否尽到了适当性义务,法院根据产品、投资活动的风险和金融消费者的实际情况,综合理性人能够理解的客观标准和金融消费者能够理解的主观标准予以判断:

第一,银协发〔2009〕134号通知、工商银行客户风险承受能力评估问卷、中国工商银行基金产品风险等级和基金投资人风险承受能力匹配方法、工商银行基金风险等级评价办法、案涉产品的《资产管理合同》及《风险揭示书》等均系银行所依循的规范性文件或自身制定的格式合同,以及单方在交易文件中提供的内容,不足以作为其与王会兰双方就案涉金融产品相关情况充分沟通的凭证。

第二,银行未能提供在其客服人员向王会兰推荐案涉产品时的监控录像或其他充分有效证据证实已充分了解投资者的基本情况、财产状况、金融资产状况、投资知识和经验、专业能力等相关信息并以言辞或书面以及其他信息化的方式详尽合理地向王会兰如实说明了金融产品和服务的重要内容,特别是对投资风险进行充分揭示并得到王会兰本人对上述认知的确认。

综合上述两点,二审法院认为银行不能充分举证证明其已经对金融消费者本人的风险认知、风险偏好和风险承受能力进行了当面测试并向金融消费者告知产品(或者服务)的收益和主要风险因素等,应当承担举证不能的法律后果。

(2)关于损害后果及其与未履行适当性义务的因果关系,二审法院对此认为,王会兰此前亦有过投资理财经验,作为有一定投资认知水平的完全民事行为能力人,更应当知晓签字确认行为之效力。同时,考虑到投资发生亏损的直接原因是金融市场的正常变化和波动,并非银行的代理行为导致,故认定王会兰亦应对自己投资之损失承担一定的责任。

同时,二审法院并未支持王会兰主张的利息损失的赔偿请求,主要理由如下:在银行与王会兰签订的合同中并未约定在此情形下利息损失的赔偿,缺乏必要的事实依据。另考虑其主张的损失系投资款项,不能直接构成银行与其之间成立债权债务关系,且在投资产生损失过程中王会兰亦有一定过错。

案例 2:谢敏、广州市犇鑫投资管理有限公司委托理财合同纠纷①。具体如图 6-4 所示。

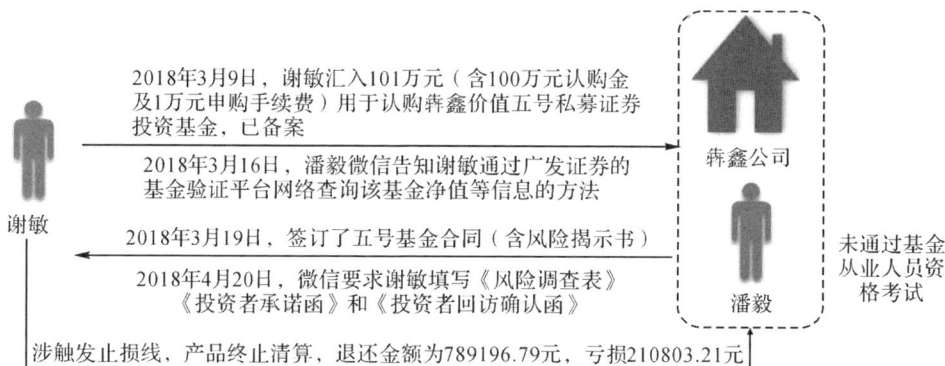

图 6-4 谢敏、广州市犇鑫投资管理有限公司委托理财合同纠纷示意图

本案中,犇鑫公司在五号基金的募集和运营过程中存在风险评估不规范、未向谢敏披露基金相关信息、使用无资质人员参与募集的行为,违反了合同约定以及法律法规强制性规定,存在违约行为。本案裁判的特别之处在于二审法院对于违约损害赔偿责任区分时间阶段进行精细化的认定。见表 6-1。

表 6-1 谢敏、广州市犇鑫投资管理有限公司委托理财合同纠纷中二审法院区分时间阶段认定违约损害赔偿责任的对比表

封闭期内(全赔)	封闭期满(部分赔偿)
封闭期内的基金净值下跌份额属于谢敏无法通过赎回操作而避免的损失,应由犇鑫公司全额赔偿	封闭期满后,谢敏可在开放日赎回基金份额,但此时其持有基金份额已经属于亏损状态,虽然证券投资基金受证券市场波动的影响较大,投资者应自行承担投资风险,谢敏也可自行登录广发证券基金信息平台查询基金基本状况,但犇鑫公司未向谢敏披露基金相关信息、风控负责人更替未及时公示披露等因素都会对谢敏的后续投资决定产生一定的影响,故本院酌定犇鑫公司应对封闭期满后谢敏的基金份额损失承担 20% 的赔偿责任

① 广州市中级人民法院(2019)粤 01 民终 21112 号二审民事判决书,裁判日期:2020 年 2 月 20 日。

上述案例呈现如下趋势：第一，对投资人风险承受能力的测评及与所投资的资管产品风险等级的匹配，由形式审查转向实质审查，一般性的风险提示条款不足以证明告知说明义务的履行。第二，关于违反投资者适当性义务的赔偿，并非全有全无，而是综合考虑造成损失的原因、损失的可避免性等进行酌定。第三，投资者适当性义务及其他管理人或销售机构应履行的募集程序，如未妥善履行，除监管层面的负面后果外，亦将通过法院给予司法层面负面评价的方式，进一步促成管理人或销售机构做到"卖者尽责"。

二、投资人向托管人主张

根据《证券投资基金法》第一百四十五条①、《中国银行业协会商业银行资产托管业务指引》第十六条②规定，当且仅当托管人存在违反法定或约定职责，且因此导致资管产品财产损失或投资人损失时，投资人方有权要求托管人承担赔偿责任。据此，投资人向托管人主张赔偿责任的请求权基础主要为要求承担违约责任或侵权责任③。从实务角度出发，两者的主要区别在于主张违约责任以投资人与托管人之间存在合同关系为前提。鉴于托管人义务的来源为资产管理合同或托管协议以及法律法规规定，在主张侵权责任的情形下，是否违反资产管理合同或托管协议约定是论证托管人是否存在过错最重要的考量因素，投资人主张承担违约责任或侵权责任在构成要件论证上的区分，在要求托管人赔偿的

---

① 《证券投资基金法》第一百四十五条规定，违反本法规定，给基金财产、基金份额持有人或者投资人造成损害的，依法承担赔偿责任。基金管理人、基金托管人在履行各自职责的过程中，违反本法规定或者基金合同约定，给基金财产或者基金份额持有人造成损害的，应当分别对各自的行为依法承担赔偿责任；因共同行为给基金财产或者基金份额持有人造成损害的，应当承担连带赔偿责任。

② 《中国银行业协会商业银行资产托管业务指引》第十六条规定，托管银行因违反法律法规或托管合同，给托管资产造成损失的，应承担赔偿责任。管理人、受托人等相关机构因发生违法违规行为给托管资产或者相关受益人利益造成损害的，应当由各机构自行承担责任。托管银行对管理人、受托人等相关机构的行为不承担连带责任，法律法规另有规定或托管合同另有约定的除外。

③ 根据我国法律规定及对侵权责任认识的理论与实践通常认为，判断侵权是否成立，应主要从被诉行为是否存在过错、是否违法、是否有损害事实的发生以及行为与损害后果之间是否存在因果关系等方面予以考量。

案件中并不明显。

在投资人要求托管人承担赔偿责任的案件中,主要争议焦点包括但不限于如下事项:

(一)托管人是否违反法定或约定托管职责

托管人的责任边界应以法定及约定职责为限。我国关于托管人职责的法律法规规定如表 6-2 所示。

表 6-2　关于我国托管人职责的法律法规规定

名称	位阶	规　定
《私募投资基金监督管理暂行办法》	部门规章(中国证监会)	第四条:私募基金管理人和从事私募基金托管业务的机构管理、运用私募基金财产,从事私募基金销售业务的机构及其他私募服务机构从事私募基金服务活动,应当恪尽职守,履行诚实信用、谨慎勤勉的义务
《证券投资基金法》(2015)	法律	第三十六条:基金托管人应当履行下列职责: (一)安全保管基金财产; (二)按照规定开设基金财产的资金账户和证券账户; (三)对所托管的不同基金财产分别设置账户,确保基金财产的完整与独立; (四)保存基金托管业务活动的记录、账册、报表和其他相关资料; (五)按照基金合同的约定,根据基金管理人的投资指令,及时办理清算、交割事宜; (六)办理与基金托管业务活动有关的信息披露事项; (七)对基金财务会计报告、中期和年度基金报告出具意见; (八)复核、审查基金管理人计算的基金资产净值和基金份额申购、赎回价格; (九)按照规定召集基金份额持有人大会; (十)按照规定监督基金管理人的投资运作; (十一)国务院证券监督管理机构规定的其他职责。 第三十七条:基金托管人发现基金管理人的投资指令违反法律、行政法规和其他有关规定,或者违反基金合同约定的,应当拒绝执行,立即通知基金管理人,并及时向国务院证券监督管理机构报告。 　　基金托管人发现基金管理人依据交易程序已经生效的投资指令违反法律、行政法规和其他有关规定,或者违反基金合同约定的,应当立即通知基金管理人,并及时向国务院证券监督管理机构报告

名称	位阶	规　定
《中国银行业协会商业银行资产托管业务指引》(2019年3月)	规范性文件(中国银行业协会)	第十二条:托管银行开展资产托管业务,应当根据法律法规规定和托管合同约定,承担下述全部或部分职责: (一)开立并管理托管账户; (二)安全保管资产; (三)执行资金划拨指令,办理托管资产的资金清算及证券交收事宜; (四)对托管资产的资产、负债等会计要素进行确认、计量,复核受托人或管理人计算的托管资产财务数据; (五)履行投资监督和信息披露职责; (六)保管托管业务活动的记录、账册、报表等相关资料; (七)法律法规明确规定的其他托管职责。 第十五条:托管银行承担的托管职责仅限于法律法规规定和托管合同约定,对实际管控的托管资金账户及证券账户内资产承担保管职责。托管银行的托管职责不包含以下内容,法律法规另有规定或托管合同另有约定的除外。 (一)投资者的适当性管理; (二)审核项目及交易信息真实性; (三)审查托管产品以及托管产品资金来源的合法合规性; (四)对托管产品本金及收益提供保证或承诺; (五)对已划出托管账户以及处于托管银行实际控制之外的资产的保管责任; (六)对未兑付托管产品后续资金的追偿; (七)主会计方未接受托管银行的复核意见进行信息披露产生的相应责任; (八)因不可抗力,以及由于第三方(包括但不限于证券交易所、期货交易所、中国证券登记结算公司、中国期货市场监控中心等)发送或提供的数据错误及合理信赖上述信息操作给托管资产造成的损失; (九)提供保证或其他形式的担保; (十)自身应尽职责之外的连带责任

名称	位阶	规 定
《私募投资基金备案须知》(2019年12月)	规范性文件(中基协)	私募投资基金托管人应当严格履行《证券投资基金法》第三章规定的法定职责,不得通过合同约定免除其法定职责。基金合同和托管协议应当按照《证券投资基金法》《私募投资基金监督管理暂行办法》等法律法规和自律规则明确约定托管人的权利义务、职责。在管理人发生异常且无法履行管理职责时,托管人应当按照法律法规及合同约定履行托管职责,维护投资者合法权益。托管人在监督管理人的投资运作过程中,发现管理人的投资或清算指令违反法律法规和自律规则以及合同约定的,应当拒绝执行,并向中国证监会和协会报告……私募投资基金通过公司、合伙企业等特殊目的载体间接投资底层资产的,应当由依法设立并取得基金托管资格的托管人托管。托管人应当持续监督私募投资基金与特殊目的载体的资金流,事前掌握资金划转路径,事后获取并保管资金划转及投资凭证
《证券投资基金托管业务管理办法》(2020年7月)	部门规章(中国证监会和中国银保监会联合修订)	第十七条:基金托管人应当安全保管基金财产,按照相关规定和基金托管协议约定履行下列职责: (一)为所托管的不同基金财产分别设置资金账户、证券账户等投资交易必需的相关账户,确保基金财产的独立与完整; (二)建立与基金管理人的对账机制,定期核对资金头寸、证券账目、净值信息等数据,及时核查认购与申购资金的到账、赎回资金的支付以及投资资金的支付与到账情况,并对基金的会计凭证、交易记录、合同协议等重要文件档案保存20年以上; (三)对基金财产投资信息和相关资料负保密义务,除法律、行政法规和其他有关规定、监管机构及审计要求外,不得向任何机构或者个人泄露相关信息和资料。 非银行金融机构开展基金托管业务,应当为其托管的基金选定具有基金托管资格的商业银行作为资金存管银行,并开立托管资金专门账户,用于托管基金现金资产的归集、存放与支付,该账户不得存放其他性质资金。 第二十一条:基金托管人应当根据基金合同及托管协议约定,制定基金投资监督标准与监督流程,对基金合同生效之后所托管基金的投资范围、投资比例、投资风格、投资限制、关联方交易等进行严格监督,及时提示基金管理人违规风险。 当发现基金管理人发出但未执行的投资指令或者已经生效的投资指令违反法律、行政法规和其他有关规定,或者基金合同约定,应当依法履行通知基金管理人等程序,并及时报告中国证监会,持续跟进基金管理人的后续处理,督促基金管理人依法履行披露义务。基金管理人的上述违规失信行为给基金财产或者基金份额持有人造成损害的,基金托管人应当督促基金管理人及时予以赔偿

不难发现,《证券投资基金法》与中国银行业协会、中基协分别发布的文件关于托管人法定职责的规定不完全一致,相较而言,《证券投资基金法》、中基协文件严于中国银行业协会文件的相关规定。而 2020 年中国证监会和中国银保监会联合修订的《证券投资基金托管业务管理办法》除明确列举安全保管基金财产的职责外,更多仍留待"相关规定"及基金合同及托管协议约定进行明确。

(二)托管人的行为与投资人的损失是否具有因果关系

投资人投资资管产品应承担相应的投资风险,在资管产品出险的情况下,需要区分投资人的损失是属于正常的投资风险,还是托管人违法违约行为所造成,即该损失与托管人行为是否有因果关系。只有在投资人的损失由托管人的违法违约行为导致的情况下,才能责令托管人承担责任,且托管人赔偿责任的范围只限于没有妥善履行其保管和监督义务导致的投资人损失部分。[①]

(三)托管人承担责任的形式

据不完全检索,目前投资人将托管人列为被告的案件以及法院判决托管人承担赔偿责任的案件较少。部分法院以托管人按照合同约定根据管理人的资金划拨指令拨付资金,办理清算及交割事宜,且对划款指令进行表面一致性审查,已尽到自身义务[②]驳回投资人对托管人的诉请。

部分法院仅在托管人存在明显的过错时判决托管人承担赔偿责任,且主要判决承担补充赔偿责任。例如:

1. 中国光大银行股份有限公司北京分行等与陈慧萍委托理财合同纠纷[③]

该案中,案涉合同中对资产托管人义务的约定包含"资产托管人发现资产

---

① 参见王悦、赵久光、张昕、杨诗翰:《私募基金托管人法律责任系列之四:这些是常见的托管人责任案件争议焦点》,载"环球律师事务所公众号",访问地址:https://mp. weixin. qq. com/s? _biz=MzA4MDEzMTcwNg==&mid=2651431898&idx=2&sn=dad894bb537732c26 822d6c2d31bc18e&chksm=8455e0cfb32269d93199860cd71ed224be78549dc428f26450aca67bb acb8ce26930ea2cc123&scene=178&cur_album_id=1458613512196259843#rd,2020 年 12 月 1 日访问。

② 山东省济南市中级人民法院(2019)鲁 01 民终 8544 号二审民事判决书,裁判日期: 2019 年 11 月 19 日。

③ 北京市第二中级人民法院(2019)京 02 民终 8082 号二审民事判决书,判决日期: 2019 年 9 月 29 日,后续托管人、管理人均提起再审,但未被支持。

管理人的投资指令违反法律、行政法规和其他有关规定,或者违反《交易监控合规表》约定的,有权拒绝执行,通知资产管理人及报告中国证监会",一审法院认为,资产管理计划未备案违反了相关法律规定,资产托管人应当掌握备案情况,并在未备案时拒绝执行指令,光大北京分行在资产管理计划未备案的情况下依据启明乐投公司的指令将所监管资金汇出,须承担一定的违约责任。同时,一审法院参照《最高人民法院关于适用〈中华人民共和国担保法〉若干问题的解释》第二十六条①规定,认为光大北京分行在合同中负有的安全保管资产管理计划财产之义务,类似于该条款中第三人向债权人所承担监督支付专款专用的义务,故参照适用该条款,认定光大北京分行向陈慧萍承担补充赔偿责任。二审法院判决维持原判。

2. 中国民生银行股份有限公司、史静合同纠纷②

该案中,二审法院认为,涉案基金投资者交付的合计认购金额远低于3500万元,基金的成立条件并未成就,基金托管人不能履行职责,且基金管理人应当依约返还投资者已缴纳的款项。但是,民生银行作为基金托管人,明知或应知基金成立条件远未成就,却未能按照上述法律、部门规章的规定及合同约定履行监督职责,及时提示基金管理人违规风险,依法履行通知基金管理人等程序,也未跟进基金管理人的后续处理,仍然按照基金已正常成立的情况执行基金管理人的投资指令,认定民生银行怠于履行法律及合同义务、构成违约。

最终二审法院酌定托管人承担15%的补充赔偿责任,理由如下:民生银行作为基金托管人,与涉案基金的运行存在法律上和合同上的监督管理关系,对主责任人基金管理人的债务不履行行为具有一定过错,使本来可以避免或者减少的损失得以发生或者扩大,故民生银行属于补充责任人,对投资者损失应承

---

① 《最高人民法院关于适用〈中华人民共和国担保法〉若干问题的解释》第二十六条规定,第三人向债权人保证监督支付专款专用的,在履行了监督支付专款专用的义务后,不再承担责任。未尽监督义务造成资金流失的,应当对流失的资金承担补充赔偿责任。《民法典》生效后,《担保法》将废止,最高院已于2020年11月9日就《最高人民法院关于适用〈中华人民共和国民法典〉担保部分的解释》征求意见,《担保法司法解释》二十六条未被收录,该条在《民法典》及其对应司法解释实施后是否仍有效有待进一步商榷。
② 广东省深圳市中级人民法院(2018)粤03民终16127号二审民事判决书,裁判日期:2019年10月24日。

担补充赔偿责任。根据《证券投资基金法》第一百四十五条规定，由于不论是法律规定还是基金合同约定，都对基金管理人和托管人的职责有明确的规定和约定，基金管理人和基金托管人有违反职责行为，给基金财产带来损害的，对基金财产依法承担赔偿责任，给基金份额持有人带来损害的，对基金份额持有人依法承担赔偿责任。考虑到基金托管人的主要职责在于基金财产的保管、清算交割、投资监督、信息披露等，不参与基金财产的投资运作，基金托管人承担的责任界限也应当与基金管理人相区别，在尽可能保障投资者合法权益的同时，不应过分加重托管人责任。故为贯彻民法公平原则和权利与义务、过错与责任相一致的一般原则，综合考量民生银行等当事人的过错程度、对造成损失的影响以及与投资人所遭受损失的因果关系等因素，酌定民生银行对投资人的损失承担 15％的补充赔偿责任。

综上所述，笔者认为，基金托管人不参与基金财产的投资运作，主要职责在于基金财产的保管、清算交割、投资监督、信息披露等，其承担的责任应当与管理人相区别，在尽可能保障投资人合法权益的同时，不应过分加重托管人责任。

第四节　投资人向增信义务人主张权利

一、增信措施概述

所谓"增信措施"，即通过对资管产品及其对外投资的交易结构进行设计和协议安排，最终使得资管产品、投资人到期收回投资本金并获取相应收益。

设置增信措施的驱动力来自交易主体各方的商业目的，资管产品的成立及投资根本上是由投资人的投资需求、融资人的融资需求相互匹配所促成的，具体而言，在资管产品及其对外投资的交易结构安排中，引入具备强履行能力的增信义务人，或高价值/易于变现的担保物，对投资人而言，能够较大程度的缓释因信息不对称等带来的底层项目投资风险；对管理人而言，有助于减少其投前尽职调查及投后管理的压力，即使底层项目出险，仍能通过执行增信措施实现投资本金及相应预期收益，且有助于其完成资金募集；对融资人而言，增信措施通常由融资人或其关联方提供，由于降低了投资人的投资风险，在风险与收益匹配的大原则下能够作为其获取融资的前提条件或以降低融资成本。

尽管增信措施具备上述商业合理性,但在金融强监管背景下,其设置仍应遵守法律、法规、规章等合规要求。除避免行政监管的不利法律后果外,更应注意避免因违反涉及公序良俗的合规性要求而导致增信安排无效。①

资管产品及其对外投资的常见增信措施通常包括优先劣后的结构安排,保证、抵押、质押等常见担保形式,让与担保等非常见担保形式,回购,差额补足,等等。

投资人在签署资产管理合同及其附属文件,以及资管产品出险维权时,应从增信措施确权角度(包括但不限于请求权是否成立、请求权的权利范围、请求权是否丧失等)关注影响增信措施实现的因素。

(一)增信措施是否存在被认定无效的瑕疵

增信措施归根结底仍属于合同法律关系,因此仍可使用合同无效的法律规则对效力予以判断。通常的无效情形如下:

1.由管理人提供增信,违反涉及金融安全、市场秩序、国家宏观政策等公序良俗的监管规定,从而导致无效

例如信托公司与其作为受托人的信托计划受益人签订信托收益权远期受让协议,承诺到期无法收回投资本金及预期收益等情形下由信托公司回购信托收益权,根据《九民纪要》第九十二条规定应属无效。

资管业务实践中,采取由管理人的关联方提供增信等变通措施,但该等变通方案亦存在无效风险。例如:在"熊仁红、张建伟合同纠纷"②中,二审法院认为,增信义务人熊仁红系东方比逊公司法定代表人及间接股东,陈永芳系东方

---

① 例如:《九民纪要》第九十二条规定,信托公司、商业银行等金融机构作为资产管理产品的受托人与受益人订立的含有保证本息固定回报、保证本金不受损失等保底或者刚兑条款的合同,人民法院应当认定该条款无效;第三十一条规定,违反规章一般情况下不影响合同效力,但该规章的内容涉及金融安全、市场秩序、国家宏观政策等公序良俗的,应当认定合同无效。人民法院在认定规章是否涉及公序良俗时,要在考察规范对象基础上,兼顾监管强度、交易安全保护以及社会影响等方面进行慎重考量。
② 广州市中级人民法院(2019)粤 01 民终 16045 号二审民事判决书,裁判日期:2020年1月7日。

比逊公司间接股东,张建伟系定增 3 号基金的基金经理,三人与东方比逊公司实际上系利益共同体,投资人在签订补充协议时知悉三人为东方比逊公司实际控制人的事实,补充协议实为规避法律、行政法规的监管而做出的约定,内容违反了市场基本规律和资本市场规则,严重破坏资本市场的合理格局,不利于金融市场的风险防范,有损社会公共利益,应按照实质认定为无效合同;同时,二审法院对补充协议无效后的责任承担认定如下:①增信义务人属于基金行业的投资人、管理人员或从业人员,理应清楚知悉法律、行政法规的禁止性规定及违反该等规定的法律后果,三人签订补充协议主观过错明显;②根据基金合同、补充协议以及缴款时间顺序,增信义务人明显系为了促进定增 3 号基金的销售而与罗晨晖签订案涉补充协议。可见,基金的销售与三人存在重大利益关联,其主观上的利益追求系协议得以签订的重要原因,亦系促成罗晨晖投资的重要原因;③罗晨晖作为合格私募基金投资者,理应知悉资本市场的投资风险。东方比逊公司在与罗晨晖签订基金合同时已向罗晨晖做出风险提示,并进行风险问卷调查,告知基金产品的高风险性,罗晨晖亦在风险问卷调查中声明其已了解相关风险。然而,罗晨晖仍与增信义务人签订案涉补充协议,企图完全规避资本市场的投资风险,亦存在一定的主观过错。最终判决熊仁红、张建伟、陈永芳共同向罗晨晖赔偿投资损失的 70%。

值得说明的是,就资管新规发布前开展的存量资管业务,存在法院认定相关保底承诺有效的可能性。例如:在"江苏省国际信托有限责任公司、中国农业银行股份有限公司昆明分行合同纠纷"①案中,最高人民法院认为,相关监管规定明确将商业银行"为非标准化债权资产或股权性融资提供直接或间接、显性或隐性的担保或回购承诺"作为整治工作重点,对于此类涉及公共政策的监管规定,作为金融机构的当事人须在签订、履行同业业务合同时予以严格遵守,法院亦应在审查相关合同效力时,按照《合同法》第五十二条②的规定予以充分考量。在整治金融市场乱象的过程中,监管机关对存量业务与新增业务采取新老

---

① 最高人民法院(2017)最高法民终 478 号二审民事判决书,裁判日期:2018 年 9 月 5 日。

② 此处为《九民纪要》原文,《民法典》实施后,应援引《民法典》第一百五十三条等关于民事法律行为的效力规则进行判断。

划断的差别化处置政策,存量业务应在过渡期内予以清理并在到期后结清。本案《转让协议》所涉业务在上述金融监管文件出台之前即已存在。江苏信托公司提起本案诉讼,请求农行昆明分行履行《转让协议》并承担违约责任,属于清理存量业务。现行金融监管政策允许《转让协议》这一类存量业务合同继续履行,有助于稳定相关市场预期,维护金融市场交易安全,也表明由此可能产生的金融风险处于可控的范围之内,不构成损害社会公共利益等合同无效的情形。

2. 法人担保人决议瑕疵

第一,法人担保人未提供同意担保的内部决议,或者虽提供了内部决议但不符合章程、《公司法》规定,导致担保存在被认定无效的风险。

根据《九民纪要》第十七条规定,为防止法定代表人随意代表公司为他人提供担保给公司造成损失,损害中小股东利益,《公司法》第十六条①对法定代表人的代表权进行了限制。根据该条规定,担保行为不是法定代表人所能单独决定的事项,而必须以公司股东(大)会、董事会等公司机关的决议作为授权的基础和来源。法定代表人未经授权擅自为他人提供担保的,构成越权代表,人民法院应当根据《合同法》第五十条②关于法定代表人越权代表的规定,区分订立合同时债权人是否善意分别认定合同效力:债权人善意的,合同有效;反之,合同无效。第十八条对如何认定"善意"予以明确。第十九条对无须机关决议的例外情况予以明确。第二十二条规定,债权人根据上市公司公开披露的关于担保事项已经董事会或者股东大会决议通过的信息订立的担保合同,人民法院应当认定有效。

---

① 《公司法》第十六条规定,公司向其他企业投资或者为他人提供担保,依照公司章程的规定,由董事会或者股东会、股东大会决议;公司章程对投资或者担保的总额及单项投资或者担保的数额有限额规定的,不得超过规定的限额。公司为公司股东或者实际控制人提供担保的,必须经股东会或者股东大会决议。前款规定的股东或者受前款规定的实际控制人支配的股东,不得参加前款规定事项的表决。该项表决由出席会议的其他股东所持表决权的过半数通过。

② 此处为《九民纪要》原文,《民法典》、《最高人民法院关于适用〈中华人民共和国民法典〉担保部分的解释》已正式实施,应援引《民法典》第五百零四条及对应司法解释的相关规定。

根据上述规定,公司为他人提供担保,应依照《公司法》及公司章程的规定,由董事会或者股东(大)会做出决议。担保人为非上市公司,如担保人未出具相关决议或者决议不符合公司章程、《公司法》规定且不存在无须机关决议的例外情况,以及担保人为上市公司,如担保人未就担保事项经董事会或者股东大会决议审议通过事宜公开披露且不存在无须机关决议的例外情况,接受担保的权利人难以证明其已对法定代表人或授权代表签署担保合同的权限履行形式审查义务,尤其接受担保的权利人为金融机构的,在前述情形下难以主张存在善意,相关担保存在被认定无效的法律风险。

第二,法人担保人提供的担保决议未明确所担保主债权的合同编号,如相关主体之间存在多项主债权且无法明确与相关项目所涉主债权的对应关系的,则决议文件存在瑕疵。

3.具备从属性的担保,其所担保的主合同无效

例如管理人为投资人提供差额补足,管理人指定主体为该等差额补足的履行进一步提供连带责任保证,鉴于差额补足存在上文所述无效风险,对应的保证因其从属性亦存在无效风险。

(二)担保物权存在未办理相应登记的瑕疵

就不动产抵押权的设立而言,根据《民法典》第三百九十五条、第四百条、第四百零二条规定,设立抵押权,当事人应当采取书面形式订立抵押合同。以建筑物和其他土地附着物、建设用地使用权或者正在建造的建筑物抵押的,应当办理抵押登记,抵押权自登记时设立。

就动产抵押权的设立而言,根据《民法典》第四百零三条规定,抵押权自抵押合同生效时设立;未经登记,不得对抗善意第三人。

就权利质权的设立而言,根据《民法典》第四百四十三条、第四百四十五条

规定,以基金份额、股权、应收账款出质的,质权自办理出质登记时设立。①

《民法典》物权编对担保权利登记机构的表述进行了弱化处理,为建立统一的动产和权利担保登记公示制度预留了空间。

2020 年 12 月 15 日,李克强主持召开国务院常务会议,会议决定,从 2021 年 1 月 1 日起,对动产和权利担保在全国实行统一登记。原由市场监管总局承担的生产设备、原材料、半成品、产品抵押登记和人民银行承担的应收账款质押登记,以及存款单质押、融资租赁、保理等登记,改由人民银行统一承担。此前已作动产和权利担保登记的,不需要重新登记,有关部门要妥善做好存量信息数据移交等衔接工作。对新登记的,由当事人通过动产融资统一登记公示系统自主办理。

需特别说明的是,就信托受益权质押而言,我国对于信托受益权的性质、质权设立及其公示方式未有专门规定;同时,我国司法实践中对信托受益权质权的有效设立要件存在不同认定:第一种观点为,法院认定信托受益权质押在中国人民银行应收账款系统中办理了质押登记手续的,质权设立,相关案例如"何峻与曹晗执行异议纠纷"②"兴业银行股份有限公司绍兴分行与绍兴恒大染整有限公司、魏召良金融借款合同纠纷"③;第二种观点为,法院根据《物权法》第二百二十九条、第二百一十二条以及《担保法司法解释》第八十八条④规定,适用关于动产质权的设立规定,从法律规定及操作层面出发,认定设定质押的书面材料(含出质人向受托人明确标的物质押的通知)送达受托人时视为交付质押财产,质权设立,相关案例如"中国信达资产管理股份有限公司上海市分公司与上海

---

① 此前根据《物权法》第二百二十六条、第二百二十八条规定,以基金份额、证券登记结算机构登记的股权出质的,质权自证券登记结算机构办理出质登记时设立;以其他股权出质的,质权自工商行政管理部门办理出质登记时设立。以应收账款出质的,质权自信贷征信机构办理出质登记时设立。其中,就应收账款质押登记而言,根据《应收账款质押登记办法》第四条规定,中国人民银行征信中心是应收账款质押的登记机构,建立基于互联网的登记公示系统办理应收账款质押登记。不同的权利质权设立登记机关不同。

② 上海市浦东新区人民法院(2019)沪 0115 执异 700 号执行裁定书。

③ 浙江省绍兴市越城区人民法院(2016)浙 0602 民初 11741 号一审民事判决书。

④ 《民法典》实施后,对应法条为《民法典》第四百四十六条、第四百二十九条。

厚石股权投资管理有限公司、邵为军等企业借贷纠纷"①。综合上述，笔者建议信托受益权质押应在中国人民银行相关登记系统办理质押登记。但如未能办理，建议向质押标的对应的信托受托人通过公证方式送达《告知函》《信托受益权质押合同》等文件，通知出质事实及变更信托受益权收益分配账户，并交付质押材料，以缓释前述风险。

对于担保需经登记方可有效设立或产生对抗善意第三人效力的，建议根据法律法规规定办理相应登记手续，法律法规未明确规定的，应采取相应替代措施增强该等担保的公示公信效力，缓释担保最终无法实现的风险。

此外，对于资管业务开展过程中存在委托他人代为登记为担保物权人的情形，所涉担保物权的权属及效力问题将在下文详细论述。

（三）存在失权风险

权利丧失的主要风险来自未在法律法规规定或合同约定的期间内行使权利，例如诉讼时效、保证期间、合同约定的行权期间等。

保证设置在底层资产端的，管理人在保证期间内未要求保证人承担保证责任的，建议投资人以资管产品的投资人身份自行或委托律师事务所向保证人发送要求承担保证责任的函件（同时抄送管理人），但该等函件能否产生起算保证债务诉讼时效的后果仍存在一定争议。

（四）存在影响权利实现范围的法律风险

1.抵押的不动产涉及工程款优先权纠纷

根据《民法典》第八百零七条、《最高人民法院关于建设工程价款优先受偿权问题的批复》（法释〔2002〕16 号）第一条、《最高人民法院关于审理建设工程施工合同纠纷案件适用法律问题的解释（二）》（法释〔2018〕20 号）第十七条规定，人民法院在审理房地产纠纷案件和办理执行案件中，应当认定建筑工程的承包人的优先受偿权优于抵押权和其他债权。据此，如抵押的不动产涉及工程价款优先权，则抵押权人就相应不动产折价或拍卖后所得款项优先受偿前应扣除工程价款。

---

① 上海市静安区人民法院(2018)沪 0106 民初 3539 号一审民事判决书。

2.担保物范围存在不确定性

(1)相关不动产已销售影响抵押财产范围。

根据《最高人民法院关于人民法院民事执行中查封、扣押、冻结财产的规定》(法释〔2004〕15 号)第十七条规定,被执行人将其所有的需要办理过户登记的财产出卖给第三人,第三人已经支付部分或者全部价款并实际占有该财产,但尚未办理产权过户登记手续的,人民法院可以查封、扣押、冻结;第三人已经支付全部价款并实际占有,但未办理过户登记手续的,如果第三人对此没有过错,人民法院不得查封、扣押、冻结。

根据《最高人民法院关于人民法院办理执行异议和复议案件若干问题的规定》第二十八条规定,金钱债权执行中,买受人对登记在被执行人名下的不动产提出异议,符合下列情形且其权利能够排除执行的,人民法院应予支持:(一)在人民法院查封之前已签订合法有效的书面买卖合同;(二)在人民法院查封之前已合法占有该不动产;(三)已支付全部价款,或者已按照合同约定支付部分价款且将剩余价款按照人民法院的要求交付执行;(四)非因买受人自身原因未办理过户登记。第二十九条规定,金钱债权执行中,买受人对登记在被执行的房地产开发企业名下的商品房提出异议,符合下列情形且其权利能够排除执行的,人民法院应予支持:(一)在人民法院查封之前已签订合法有效的书面买卖合同;(二)所购商品房系用于居住且买受人名下无其他用于居住的房屋;(三)已支付的价款超过合同约定总价款的百分之五十。第三十条规定,金钱债权执行中,对被查封的办理了受让物权预告登记的不动产,受让人提出停止处分异议的,人民法院应予支持;符合物权登记条件,受让人提出排除执行异议的,应予支持。

在资管产品的融资人为房地产企业或以房地产项目作为融资资金用途的情形下,通常将不动产进行抵押,涉及释放抵押权用于房产销售的,需重点核查最新抵押物情况。在满足《最高人民法院关于人民法院办理执行异议和复议案件若干问题的规定》第二十八至三十条等规定的适用条件的情形下,相关抵押物处置时,抵押优先权难以对抗符合条件的买受人。

(2)抵押权设立时仅办理土地抵押权登记的,存在建设用地使用权抵押后新增地上建筑物不属于抵押财产范围的风险。

根据《民法典》第四百零二条规定,以该法第三百九十五条第一款第一项至第三项规定的财产或者第五项规定的正在建造的建筑物抵押的,应当办理抵押登记。抵押权自登记时设立。第三百九十七条规定,以建筑物抵押的,该建筑物占用范围内的建设用地使用权一并抵押;以建设用地使用权抵押的,该土地上的建筑物一并抵押。抵押人未依据前款规定一并抵押的,未抵押的财产视为一并抵押。

根据《九民纪要》第六十一条规定,在房地分别抵押,即建设用地使用权抵押给一个债权人,而其上的建筑物又抵押给另一个人的情况下,可能产生两个抵押权的冲突问题。基于"房地一体"规则,此时应当将建筑物和建设用地使用权视为同一财产,从而依照《物权法》第一百九十九条①的规定确定清偿顺序:登记在先的先清偿;同时登记的,按照债权比例清偿。同一天登记的,视为同时登记。

同时,《民法典》第四百一十七条规定,建设用地使用权抵押后,该土地上新增的建筑物不属于抵押财产。该建设用地使用权实现抵押权时,应当将该土地上新增的建筑物与建设用地使用权一并处分,但新增建筑物所得的价款,抵押权人无权优先受偿。

《民法典》第三百九十七条及《九民纪要》第六十一条关于房地一体的规定主要适用于抵押时土地上已有建筑物的情形,对于建设用地使用权抵押后土地上新增的建筑物应适用《民法典》第四百一十七条规定认定不属于抵押财产,对此,如未就建设用地使用权抵押后新增的建筑物办理抵押登记的,抵押财产范围应不包含地上建筑物,抵押财产范围应以实际已办理抵押登记的为准,权利人存在无法就土地使用权上的建筑物优先受偿的风险。

3.其他可能影响权利实现范围的因素

(1)担保物权人非第一顺位权利人。如果抵押物被第一顺位的抵押权人强制执行,则存在因抵押物剩余价值不足导致抵押担保无法充分保障主合同的风险。

---

① 《民法典》生效后,按照《九民纪要》的前述思路,应适用《民法典》第四百一十四条确定清偿顺序。

（2）担保物存在转让限制影响处置方案。以商铺抵押为例，部分商铺存在自持要求，不动产权证书明确记载若干年内不得转让，则在商铺禁止转让的期间内，权利人无法通过转让的方式处置商铺并就其变现价值优先受偿。

（3）登记的被担保主债权金额与担保合同约定不一致。

根据《最高人民法院关于适用〈中华人民共和国民法典〉担保部分的解释》第四十七条规定，不动产登记簿就抵押财产、被担保的债权范围等所做的记载与抵押合同约定不一致的，人民法院应当根据登记簿的记载确定抵押财产、被担保的债权范围等事项。在相关抵押物的变现价值超出该抵押物登记的被担保主债权金额的情形下，存在法院根据前述规定认定相关权利人仅可在登记的被担保主债权金额范围内优先受偿的风险。

（4）担保合同约定的被担保主债权金额无法覆盖主债权金额，该等情形下，权利人仅可在限定的被担保主债权金额范围内获得优先受偿。

（5）自然人增信义务人的配偶未签署知情同意文件可能影响承担责任的财产范围。根据《最高人民法院民一庭关于夫妻一方对外担保之债能否认定为夫妻共同债务的复函》（〔2015〕民一他字第9号），夫妻一方对外担保之债不应当适用《最高人民法院关于适用〈中华人民共和国婚姻法〉若干问题的解释（二）》第二十四条①的规定认定为夫妻共同债务。以保证为例，如自然人保证人一方提供保证且其配偶未签署知情同意证明的，权利人无法要求保证人以全部夫妻共同财产承担相应责任。

受限于篇幅，本书未能列明影响权利实现的全部法律风险，仅提示识别增信措施瑕疵和风险的思路，具体需根据增信措施的类型及对应合同约定、法律法规规定判断。

二、增信措施相关热点问题

本部分将就前述提及的增信措施相关法律问题，结合具体案例及实践场景

---

① 《最高人民法院关于适用〈中华人民共和国婚姻法〉若干问题的解释（二）》第二十四条规定，债权人就婚姻关系存续期间夫妻一方以个人名义所负债务主张权利的，应当按夫妻共同债务处理。但夫妻一方能够证明债权人与债务人明确约定为个人债务，或者能够证明属于《婚姻法》第十九条第三款规定情形的除外。

展开深入分析，并提出相应实务建议，主要涉及如下三个热点问题：第一，以上市公司提供的担保审查为例，对后"九民"时代资管业务增信审查司法实务进行解析；第二，资管产品投资上市公司相关保底承诺的效力问题；第三，担保物权代持的法律效力。

（一）后"九民"时代资管业务增信审查司法实务解析——以上市公司提供的担保审查为例

为使投资人的投资更为稳健、风险可控，金融机构作为受托管理人发行的资管产品对外投资除依据扎实的背景尽调、精准的专业判断甄选优质的投资项目（固收类产品中即甄选资信状况、偿债能力较为优质的交易对手）外，第三方补充增信亦是管理人重要关注考量点。上市公司作为资本市场的佼佼者，其增信颇受管理人青睐。在该交易逻辑下，产品结构设计多种多样，较为典型的情况如图 6-5 所示。

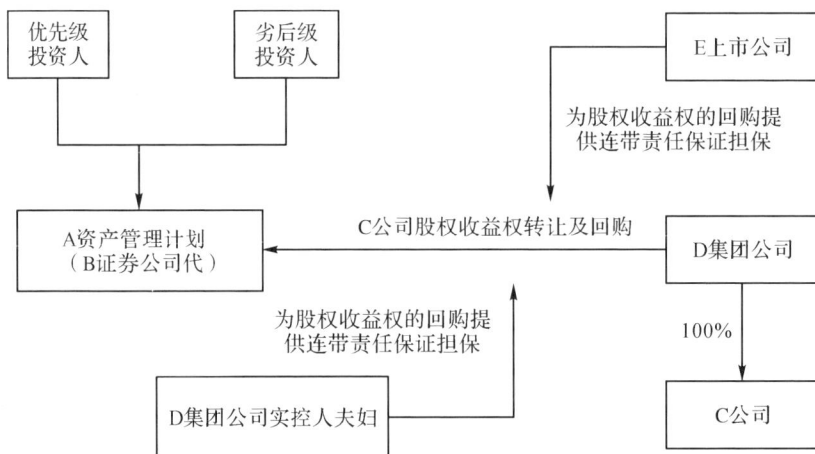

图 6-5 典型资管产品交易结构示意图

上市公司的增信补充确为项目助力不少，但上市公司增信的合规瑕疵亦为项目埋下重大隐患。实务中交易对手多以项目进程紧张，时间紧凑，而上市公司董事会、股东大会会议召集程序冗长，可能耽误交易进程，甚至不愿将保证上征信系统等理由，推脱不予办理决议公告程序。同时，交易对手亦可能向受托管理资管产品的金融机构提供上市公司已为交易对手提供整体额度担保的公告等材料,使金融机构产生此笔交易已通过决议程序并办理公告的错觉。再加上此类交易中,上市公司与交易对手有着千丝万缕的关系,由上市公司法定代表人私下加盖公司公章对外提供担保亦非难事。多种现实情况交错下,通常导致金融机构(代表资管产品)在此类交易项目中,虽与上市公司订立担保合同,但因未经上市公司内部决议机制决议通过,一旦后续双方产生纠纷,该担保合同的有效性存疑。《九民纪要》出台后,该问题更为突出。《九民纪要》第二十二条直接将上市公司对外担保的决议通过信息公开披露与否作为判定担保合同效力的依据。

笔者聚焦于上市公司对外担保是否经过内部决议程序及决议是否公开披露两个维度,分析上市公司"暗保"。笔者在对《九民纪要》第二十二条规则内容展开细致解读的基础上,同步关注《九民纪要》发布后全国各地法院针对上市公司暗保已做出的司法判决,在对裁判要旨不断提炼分析的过程中,以期为资管业务后续展业中接受上市公司担保如何审查提供具有指导意义的参考意见。

1.《九民纪要》规则内容的具体解读

《九民纪要》第二十二条规定:"债权人根据上市公司公开披露的关于担保事项已经董事会或者股东大会决议通过的信息订立的担保合同,人民法院应当认定有效。"据此,笔者同步结合对《〈全国法院民商事审判工作会议纪要〉理解与适用》(下称"《理解与适用》")的解读,图示演绎上市公司对外担保的效力判定及责任承担基础路径,具体如图6-6所示。

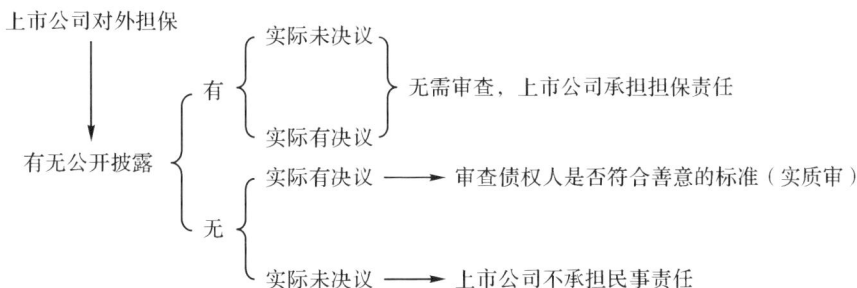

图6-6 上市公司对外担保的效力判定及责任承担基础路径

根据上述图示路径,首先,就"公开披露的关于担保事项已经董事会或者股东大会决议通过的信息"(下称"公开披露")应包含的具体内容,最高人民法院在《理解与适用》一书中明确应包括债权人、被担保对象、担保金额等担保合同主要内容。结合沪深交易所关于上市公司为他人提供担保公告的格式指引,前述信息亦是合规披露的应有之义。就此金融机构开展资管业务接受上市公司担保时需特别关注实务中上市公司为债务人提供担保额度的公告,该类决议公告中通常仅有被担保对象及上市公司拟担保的最高额度及担保额度有效期,若无法准确定位到具体债权人,金融机构(代表资管产品)恐难直接基于该担保额度公告主张上市公司已公开披露进而要求上市公司承担担保责任①。

其次,最高人民法院明确债权人只要审查了上市公司的公开披露即认为担保合同有效,不再对债权人苛以对上市公司决议本身的审查义务,即认为上市公司公开披露的外观表现意味着上市公司已履行决议流程,保护债权人对此的善意信赖。

再次,关于未公开披露但上市公司对外担保已经决议机关决议通过的情形有无现实存在可能性,最高人民法院在《理解与适用》一书中似有反复②。在认可现实存在的基础上,最高人民法院指出此时债权人的审查义务应为实质审查而非形式审查。因"担保人是上市公司,上市公司召开董事会会议后都会及时公告,因此,债权人完全可以看到公告后再签订担保合同,故课以其实质审查义务,对其并无不公"。但最高人民法院并未进一步明确实质审查应当涵盖的具体内容,《九民纪要》第十八条形式审查标准下明确排除的法定代表人伪造或者变造决议、决议程序违法、签章(名)不实、担保金额超过法定限额等是否当然为实质审查的射程范围或存在商榷空间。

最后,关于未公开披露且上市公司对外担保亦未经决议机关决议的情形

---

① (2019)浙01民初2130号案件中即存在类似情况,法院不会以该担保额度已公告认为担保合同已经上市公司股东大会决议通过。

② 《〈全国法院民商事审判工作会议纪要〉理解与适用》第197页"理论上说,如果上市公司不公告,交易所和证券监管部门也会下达监管函,督促其公告。也就是说,仅仅是理论上上市公司有不公告的可能,实际上不存在。经过董事会审议的决议,上市公司也肯定会公告,不公告只是理论上的,实际上不公告的事情同样不可能发生";第199页"如果有证据证明,上市公司召开了董事会会议,会议通过了为该债权人提供担保的决议,债权人据此与上市公司签订了担保合同,但上市公司没有公告担保事项,这时应认为债权人善意担保合同有效"。

（下称"无披露无决议情形"），《理解与适用》一书中区分上市公司签约代表违规代表公司提供担保的对象是否为公司股东或实际控制人两种情形分别展开讨论，得出的结论均为上市公司不承担民事责任①。而根据《九民纪要》第二十条规定，债权人签订担保合同时是非善意的，公司原则上应承担担保无效的民事责任即区分情形分别适用《民法典》及有关司法解释关于担保无效的规定②，综合考量债权人及担保人的过错情况分配责任承担，仅公司举证证明债权人明知法定代表人超越权限或决议系伪造或变造的，公司才不承担任何民事责任。无披露无决议情形下最高人民法院径直认定上市公司不承担民事责任，内含的判定逻辑应系上市公司无披露无决议，债权人仍与其签订担保合同即认定债权人明知所有情况，上市公司无过错，上市公司不承担任何民事责任。但关于此逻辑因并未被《九民纪要》第二十二条直接载明，而在《理解与适用》一书中有所体现，实务界仍有一些不同声音，认为上市公司无披露无决议情形下，只能认定债权人非善意，担保合同无效，而不能径行判定债权人明知，担保合同无效后，债权人与上市公司仍应按自身的过错情况具体分配合同无效后所需承担的责任。

由此可见，《九民纪要》第二十二条为笔者理解上市公司"暗保"的效力判定及债权人与担保人之间的责任承担指明具体方向，但仍有许多问题无法穷尽或存在争议，留待司法实践进一步解答。由此笔者在下一部分聚焦观察《九民纪要》发布后针对上市公司"暗保"已有的司法判决，了解裁判者对《九民纪要》第二十二条的现实运用，在更为具体的案件场景下观察裁判者的真意，为资管公司日后类似纠纷的处理做更为扎实的攻防应对策略。

---

① 详见《〈全国法院民商事审判工作会议纪要〉理解与适用》第198、199页。
② 《最高人民法院关于适用〈中华人民共和国民法典〉担保部分的解释》第十七条规定，主合同有效而第三人提供的担保合同无效，人民法院应当区分不同情形确定担保人的赔偿责任：（一）债权人与担保人均有过错的，担保人承担的赔偿责任不应超过债务人不能清偿部分的二分之一；（二）担保人有过错而债权人无过错的，担保人对债务人不能清偿的部分承担赔偿责任；（三）债权人有过错而担保人无过错的，担保人不承担赔偿责任。主合同无效导致第三人提供的担保合同无效，担保人无过错的，不承担赔偿责任；担保人有过错的，其承担的赔偿责任不应超过债务人不能清偿部分的三分之一。

2.《九民纪要》发布后①上市公司暗保司法裁判情况评述

2019 年 11 月 14 日,《九民纪要》正式发布。笔者以"上市公司""担保""决议"为关键词在中国裁判网进行检索(以 2020 年 2 月 21 日为检索截止点),并将初步检索结果按"裁判日期"排序,对判决书进行逐一阅读后筛选出《九民纪要》发布后上市公司"暗保"相关的判决书共 7 件,汇总的案件具体情况如表 6-3、表 6-4 所示。

表 6-3 《九民纪要》发布后上市公司"暗保"相关判例汇总表(1)

事项	案件一	案件二	案件三	案件四
裁判时间	2019 年 11 月 17 日	2019 年 12 月 5 日	2019 年 12 月 10 日	2019 年 12 月 11 日
裁判法院	诸暨市法院	杭州中院	最高人民法院	深圳中院
审级	一审	一审	二审	二审
案号	(2019)浙 0681 民初 14936 号	(2019)浙 01 民初 2130 号②	(2019)最高法民终 451 号	(2019)粤 03 民终 14995 号③
债权人	实业公司	信托公司	地产公司	商业保理公司
担保对象	上市公司股东	上市公司股东	上市公司股东	上市公司股东
暗保具体情形	未经股东大会决议(无披露)	未经股东大会决议(无披露)	未经股东大会决议(无披露),但有董事会决议④	未经股东大会决议(无披露)

---

① 主要指裁判落款时点晚于《九民纪要》发布时点的案件,后文论述部分亦将展开具体说明。

② 本案特别值得说明的是在案涉担保事宜发生的时段,上市公司股东大会审议通过了为案涉股东担保累计不超过 4 亿元的议案并予公告(仅公告担保总额无具体债权人),但法院通过对不同时段上市公司公告的对外担保累计金额是否变化的观察比较论证,最终认为债权人并未能提供充分证据证明上市公司就案涉借款的保证事宜经过股东大会决议。

③ 值得关注的是本案裁判过程中法院论述时提及上市公司公开披露的第八届董事会第三十七次会议决议公告中载明上市公司董事会取消了 2016 年年度股东大会关于上市公司与主债务人互保的议案,因此,上市公司与主债务人之间也不存在相互担保的商业合作关系。该论述似侧面反映商业互保关系会对案件裁判有影响,只是该案中事实上取消了。

④ 案涉上市公司章程第五十五条规定:公司下列对外担保行为,须经股东大会审议通过:……为股东、实际控制人及其关联方提供的担保。第一百二十九条第八项规定:董事会在股东大会授权范围内,决定公司的对外投资、收购出售资产、资产抵押、对外担保事项、委托理财、关联交易等事项。

事项	案件一	案件二	案件三	案件四
裁判论证	上市公司法代或其他人员未经上市公司股东大会决议在保证合同上盖章属越权行为。债权人非善意,公司不必承担责任,越权行为应无效	上市公司与其股东即主债务人之间存在长期的相互担保等商业合作关系,因此即使债权人知道或应当知道案涉担保事宜没有上市公司决议机关的决议,也应认定担保合同符合上市公司的真实意思表示	债权人未举证证明上市公司向其出示了股东大会授权董事会可就向关联方提供担保做出决议的相关证据而直接接受了不符合公司法第十六条第二款规定的董事会决议,债权人未尽到必要的审查义务,涉案担保未经过上市公司做出有效决议。涉案担保行为虽无效,但上市公司相关董事就涉案担保事项出具了董事会决议,时任法定代表人在涉案担保协议上加盖了私章及公司印章。上市公司未能及时发现并制止,存在管理不当的过错责任	在上市公司未提供股东大会决议等文件的情况下,债权人仅以保证合同上加盖了公章及有法代签名,即信赖上市公司的担保行为,属未尽审慎注意义务,非善意。本案主合同有效而担保合同无效①,债权人未尽审慎注意义务,上市公司因其法代的越权行为而导致担保合同无效,双方对担保合同的无效都存在过错
裁判结果	确认上市公司与债权人签订的保证合同无效	上市公司与债权人签订的保证合同有效,上市公司应按约承担担保责任	案涉担保行为无效,上市公司承担赔偿责任的范围为主债务人不能清偿债务部分的50%	案涉担保合同无效,上市公司对主债务人不能清偿的部分向债权人承担二分之一的赔偿责任

---

① 裁判论述过程中指出本案不符合《合同法》第五十条规定的合同有效的情形,上市公司法代的越权代表行为不对上市公司发生法律效力,与后续又主张案涉担保合同无效,似相互矛盾。

续 表

事项	案件一	案件二	案件三	案件四
一审裁判①	—		涉案担保文件对上市公司发生法律效力,上市公司应在最高额担保范围内对涉案借款本金及利息承担连带清偿责任	担保行为是否经股东大会决议系内部管理行为,不能对抗债权人。上市公司须承担担保责任

表 6-4 《九民纪要》发布后上市公司"暗保"相关判例汇总表(2)

事项	案件五	案件六	案件七
裁判时间	2019 年 12 月 13 日	2019 年 12 月 25 日	2019 年 12 月 31 日
裁判法院	最高人民法院	合肥中院	金华中院
审级	二审	一审	一审
案号	(2019)最高法民终 1524 号	(2019)皖 01民初 2008 号	(2019)浙 07民初 383 号
债权人	自然人	融资租赁公司	投资公司
担保对象	上市公司股东/实控人/法定代表人	上市公司全资子公司	上市公司股东
暗保具体情形	未经股东大会决议(无披露)	债权人提供了 2017 年 8 月 1 日上市公司董事会决议的微信截图(无披露)②	未经股东大会决议(无披露)

① 专门将该行公示二审案件的一审裁判结果作为比较参照对象,一审案件即无此项。另本文中梳理的一审案件均系截至笔者检索之日裁判文书网呈现的案件最新进展,特此说明。

② 笔者通过查阅案涉上市公司(证券代码:002445)公告,案涉上市公司确于 2017 年 8 月 1 日召开董事会会议,但披露的公告内容并不包含该笔担保事宜。

事项	案件五	案件六	案件七
裁判论证	案涉上市公司法定代表人未经股东大会决议对外签订担保合同属越权代表,债权人未尽注意义务,非善意,担保合同无效。但案涉担保合同上加盖了上市公司公章并有法代签名,且根据上市公司的公开材料,案涉保证合同签署年度,会计师事务所经审查后出具年度控股股东及其他关联方资金占用情况专项审核报告,明示没有发现存在上市公司违反章程规定对外出具担保的事实。同年上市公司内控制度评价报告也未发现内控重大缺陷。上述事实证明,上市公司内部管理不规范,对于案涉担保合同无效有重大过错	案涉上市公司对债权人提交的上市公司董事会决议的微信截图的真实性未提出异议并表示"需要回去向公司有关人员核实,三个工作日内向法庭书面提交反馈意见,逾期视为我方认可",后上市公司未提出异议。法院确认董事会决议真实性。其次,上市公司未提交证据证明上述董事会决议未取得董事会会议的 2/3 以上董事同意并经全体独立董事 2/3 以上同意,亦未提交证据证明上述董事会决议存有前述公司章程第四十二条载明的五种必须经股东大会决议的情形。综上,法院认定案涉担保经上市公司董事会决议批准且该决议符合公司章程规定	案涉保证合同虽经上市公司法代签字并加盖公司公章,但未经公司股东大会决议,实系法代越权代表行为。对此,债权人未要求签约方提供股东大会决议也未通过查阅证券市场公开信息尽到形式审查义务,债权人非善意,保证合同无效。上市公司对保证合同无效无过错,债权人系明知上市公司法代越权订立保证合同
裁判结果	双方对担保合同的无效均有过错,综合考虑双方过错和全案情况,上市公司应对主债务人不能清偿债务的二分之一向债权人承担赔偿责任	债权人与上市公司形成的连带责任保证担保合同关系无法定无效情形,合法有效	上市公司不承担保证合同无效后的民事责任
一审裁判	公司法第十六条属管理性规范,公司章程对法代签约代表权等方面的限制和分配属公司内部事务,对公司以外的第三人不具有约束力。案涉保证合同签约双方无恶意串通行为,保证合同有效。	—	—

笔者上述梳理分析的 7 例案件系以《九民纪要》发布时点为时间参照,但因法律裁判文书的制作发布存在内部校核、送审用印等流程,因此,部分案例裁判

内容定稿时或仍处于《九民纪要》征求意见稿阶段,从案件当事人援引的具体条文及法院裁判说理论述①过程均可领会,但并不影响笔者对《九民纪要》现实作用的深入观察。

首先,从上述七例案件的整理情况看,《九民纪要》对司法裁判的影响是剧烈且立竿见影的,其征求意见稿期间相关法院即在裁判说理部分参照引用,对部分案件的裁判结果产生颠覆性影响。该部分案件(如上述案件三、四、五)一审均认为《公司法》第十六条属于管理性规范,公司章程对法定代表人签约代表权等方面的限制和分配属公司内部事务,对公司以外的第三人不具有约束力,也即认为上市公司暗保是有效的,上市公司当然应承担担保责任;但《九民纪要》正式实施以后,裁判机关认为《公司法》第十六条对法定代表人代表权限的限制是法律的要求,已提前公示,人人均应知晓,也即认为债权人接受上市公司暗保是非善意的,原则上②担保合同无效。

其次,或许是意识到这种巨大的裁判转向对当事人双方权利义务产生的剧烈冲击,笔者观察到多数一审认为担保合同有效二审转向认为担保合同无效的案件,仍判上市公司须承担担保合同无效后主债务人不能清偿部分二分之一的责任。进一步观察,这些案件存在细节上的差异,主要表现在如何论述上市公司对担保合同无效存在过错方面:有的案件仅因上市公司法定代表人越权担保并使用公司公章即认为上市公司存在过错(如上述案件四);有的案件基于上市公司虽未做出股东大会决议但出具董事会决议且时任上市公司法定代表人在案涉担保合同上加盖私章及公司印章,认定上市公司存在过错(如上述案件三);有的案件则更进一步,通过外部审计机构出具的《年度控股股东及其他关联方资金占用情况专项审核报告》明确表示没有违规担保事实及上市公司自身的内控制度评价报告亦未发现内控重大缺陷来论述上市公司内部管理不规范,对于案涉担保合同无效有重大过错(如上述案件五)。案件具体情况不同,由法官进行自由裁量。

但特别值得关注并警惕的是,《九民纪要》正式稿实施后的一审裁判案件

---

① 因《九民纪要》征求意见稿时期,公司法定代表人越权担保,债权人非善意的情况下,未明确规定担保合同无效,而是须参照适用《民法总则》关于越权代理的规定,即须进一步考虑公司是否追认,案例一、案例四裁判说理部分均有此痕迹。

② 此处使用原则上的表述方式,主要是考虑到《九民纪要》第十九条的适用问题,后续将提及。

（如上述案件七）即有判上市公司暗保，债权人系明知，上市公司无过错而不承担任何责任。也即裁判机关可能存在个案转变不宜过于剧烈的过渡期考虑（主要针对二审案件），《九民纪要》后的一审案件很可能往"上市公司无披露无决议，债权人仍与其签订担保合同即认定债权人明知，上市公司无过错，上市公司不承担任何民事责任"方向发展，此亦是《理解与适用》的要义体现。

再次，关于有决议无披露的上市公司暗保情形，债权人的善意应如何判断，现有个案存在特殊性：上述案件六中，对于债权人提交的董事会决议微信截图，因上市公司存在自认，法院径直认定董事会决议的真实性及有效性。因此，未能深入观察裁判机关对债权人苛以的审查义务是否系实质审查及涵盖的具体内容，留待进一步观察。另对案件六深入审视后发现一问题，即除《公司法》第十六条第二款规定的必须经股东大会决议通过的关联担保外，沪深交易所规则规定的必须经股东大会决议的事项①及上市公司章程自行规定的必须经股东大会决议的事项，债权人如仅获经公告的董事会决议，债权人是否即可被认定为善意，进而判定担保合同有效？答案应是否定的。《理解与适用》一书明确，与债权人签订合同的相对方是上市公司，债权人有义务了解法律、交易所的规则及公司章程。考虑到法规规章的公示效益，债权人不得以其不知道相关规定为由来证明自己的善意。但如前述规定以外的担保，则债权人获得董事会决议即可，此在上述案件六中亦可获得验证。

最后，关于《九民纪要》第十九条是否适用于上市公司暗保情形：上述案件二中，法院基于上市公司与主债务人之间存在长期互保关系而认为即使上市公司为股东担保无股东大会决议仍有效；上述案件六中，上市公司系为其全资子公司融资租赁

---

① 如《深圳证券交易所股票上市规则（2019年4月修订）》9.11规定，上市公司发生本规则第9.1条规定的"提供担保"事项时，应当经董事会审议后及时对外披露。"提供担保"事项属于下列情形之一的，还应当在董事会审议通过后提交股东大会审议：（一）单笔担保额超过上市公司最近一期经审计净资产10%的担保；（二）上市公司及其控股子公司的对外担保总额，超过上市公司最近一期经审计净资产50%以后提供的任何担保；（三）为资产负债率超过70%的担保对象提供的担保；（四）连续十二个月内担保金额超过公司最近一期经审计总资产的30%；（五）连续十二个月内担保金额超过公司最近一期经审计净资产的50%且绝对金额超过五千万元；（六）对股东、实际控制人及其关联人提供的担保；（七）本所或者公司章程规定的其他担保情形。

租金债务提供担保,但法院并未径直基于"公司为其直接或间接控制的公司开展经营活动向债权人提供担保"而认定担保合同有效。即就此,司法实践未有较为明确的指向。值得关注的是,《九民纪要》第二十二条"上市公司为他人提供担保"系较之征求意见稿专门增加的规范内容,且最高人民法院在《理解与适用》一书中反复强调其对上市公司违规担保明确持否定态度,倡导债权人看到上市公司公开披露的信息再与上市公司签订担保合同。因此,笔者认为《九民纪要》第十九条适用于上市公司暗保的趋势并不乐观,仍留待对司法实践的进一步观察。

3. 结 语

诚如《理解与适用》一书所载,上市公司违规担保问题是资本市场的顽疾和毒瘤,多年来屡禁不止,影响恶劣。《九民纪要》的裁判思路体现了最高人民法院为资本市场持续健康发展提供巨大支持和制度保障的坚定决心。因此未来关于上市公司暗保裁判口径趋紧将是大势,具体可能的表现包括:上市公司对外担保若无披露无决议,债权人仍与其签订担保合同,法院可能径直认定债权人明知,上市公司无过错,上市公司不承担任何民事责任;《九民纪要》第十九条无须机关决议的例外情况可能无法适用于上市公司暗保等。

因此,笔者建议资管业务开展过程中,交易涉及接受上市公司担保的,应特别加强对上市公司公开信息披露与否的关注,否则将面临极大可能的司法消极评价。

(二)关于投资上市公司保底承诺效力问题

2020 年 2 月 14 日,中国证监会发布了《关于修改〈上市公司证券发行管理办法〉的决定》《关于修改〈创业板上市公司证券发行管理暂行办法〉的决定》以及《关于修改〈上市公司非公开发行股票实施细则〉的决定》(合称"再融资新规"),对上市公司非公开发行股票的定价、定价基准日、锁定期、发行规模、发行条件等做出修订,并明令禁止上市公司及其控股股东、实际控制人、主要股东向发行对象做出保底保收益或变相保底保收益承诺,且不得直接或通过利益相关方向发行对象提供财务资助或者补偿。同时,《九民纪要》对合同效力认定等问题均进行有针对性的细致规定。

就此,笔者拟结合前述规定,对投资人在投资上市公司过程中可能涉及的上市公司控股股东、实际控制人、主要股东及/或利益相关方(下称"增信义务人")提供保底承诺的相关法律问题进行分析。

1.投资上市公司常见保底交易结构

投资人在通过参与上市公司非公开发行股票(下称"定向增发")或公开发行股票或协议受让上市公司原股东所持股票、以大宗交易方式买入上市公司股票(下称"标的股票")等方式投资上市公司的过程中,出于对交易安全保障的考虑,往往要求上述增信义务人提供保底承诺。

实践中,常见的保障措施主要如下:

(1)由增信义务人向投资人或投资人所投资的资管产品、合伙企业等投资载体提供差额补足承诺。差额支付义务的内容主要为,如标的股票的减持收入不足以覆盖投资人实际投资的投资本金及按预期收益率计算的预期收益时,增信义务人就差额部分以现金方式予以补足;

(2)由增信义务人向投资人或投资人所投资的投资载体提供远期收购承诺。远期收购义务的内容主要为,当上市公司出现重大风险事件或未能在指定期间按预期收益实现减持时增信义务人对标的股票承担远期收购义务。

同时,为确保差额补足义务和远期收购义务顺利履行,投资人还可能要求增信义务人针对差额补足义务和/或远期收购义务进一步提供担保,如连带责任保证、股票质押、应收账款质押、不动产抵押、动产抵/质押等。

根据前述,各类措施安排旨在为投资人投资上市公司进行保底,背离股权投资的本质。

前述保底交易大体结构如图 6-7 所示。

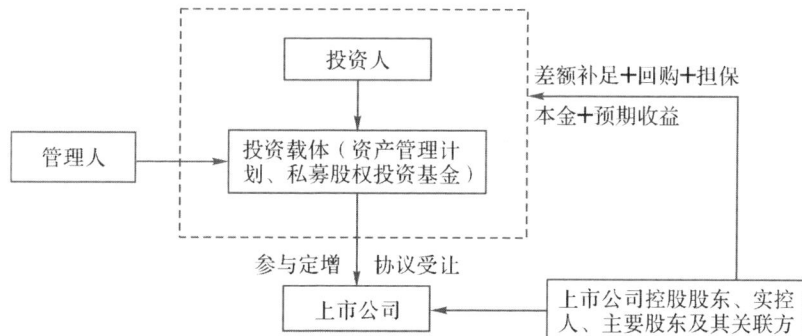

图 6-7　保底定增交易结构示意图

2. 投资上市公司保底承诺效力相关的法律问题

(1)关于投资上市公司禁止保底的相关规定。

《再融资新规》颁行前,禁止上市公司及相关主体对投资者进行保底承诺已有相关原则性规定,具体为:

①《证券法》(2020年3月1日起施行文本为第二十五条,修订前为第二十七条)规定,股票依法发行后,发行人经营与收益的变化,由发行人自行负责;由此变化引致的投资风险,由投资者自行负责。

②《证券发行与承销管理办法》第十七条规定,发行人和承销商及相关人员不得以代持、信托持股等方式谋取不正当利益或向其他相关利益主体输送利益;不得直接或通过其利益相关方向参与认购的投资者提供财务资助或者补偿;不得以自有资金或者变相通过自有资金参与网下配售……

本次"再融资新规"中,针对定向增发过程中增信义务人向发行对象所开展的保底行为明确禁止,具体为:《上市公司非公开发行股票实施细则》第二十九条规定,上市公司及其控股股东、实际控制人、主要股东不得向发行对象做出保底保收益或变相保底保收益承诺,且不得直接或间接向发行对象提供财务资助或者补偿。

针对通过协议转让、大宗交易等方式投资上市公司的情形,虽尚未出台类似前述的明确禁止性规定,但根据监管部门市场化的监管思路及回归股权投资本质的立法本源,均可能成为未来协议转让、大宗交易等交易细则的应有之义或修订方向。

本书暂以定向增发过程中的保底为例展开分析。

(2)"再融资新规"出台前,定向增发保底承诺的司法认定。

"再融资新规"出台前,根据前述,禁止上市公司及相关主体对投资者进行保底承诺虽已有原则性规定,但司法实践对上市公司控股股东和/或实际控制人做出的定向增发保底承诺已形成较为统一的裁判路径。① 法院通常认定控股股东和/或实际控制人做出的定向增发保底承诺有效,裁判理由如下:

① 《认购协议》在中国证监会核准定向增发后签订,因此非公开发行程序合法,《认购协议》有效;

② 保底承诺非针对不特定多数人,不属于《证券法》第十条②规定的公开劝诱形式,《证券发行与承销管理办法》系中国证监会发布的部门规章,不属于"法律、行政法规"范畴,因而保底承诺不违反法律、行政法规的禁止性规定;

③ 保底承诺系为增加上市公司股本做出,其结果是增加了上市公司资产,不损害上市公司及债权人、中小投资者利益,没有明显增加证券市场风险、破坏证券市场稳定性,不违反公共秩序;

④ 定向增发保底承诺在上市公司股东之间形成,本质上系上市公司股东与投资者之间对投资风险及投资收益的判断与分配,属于当事人意思自治范畴;

⑤ 控股股东为募集资金而做出保底承诺,因保底承诺而达成其目的,因此控股股东主张保底承诺无效会违反诚实信用原则,法院不应鼓励当事人有违诚信主张合同无效而获益的行为。

综合前述,此前判例中,法院通常适用当事人意思自治、诚信等原则,认可定向增发过程中保底条款的效力。

(3)"再融资新规"及《九民纪要》出台后对定向增发保底承诺效力的影响。

结合司法实践及笔者对交易模式的理解,关于定向增发保底承诺的效力评价,主要涉及是否违反法律、行政法规的强制性规定以及是否违反公序良俗这两项效力规则,具体分析如下:

① 针对是否违反法律、行政法规的强制性规定的分析。

根据《民法典》合同编第五百零八条规定,本编对合同的效力没有规定的,

---

① 参见案例(2019)最高法民终 400 号、(2017)最高法民终 492 号、(2018)浙 01 民初 4803 号、(2012)闵民二(商)初字第 1832 号、(2012)闵民二(商)初字第 1832 号、(2018)沪 0115 民初 7645 号、(2016)湘民初 3 号。上述案例为笔者以"定向增发"+"保底收益"/"差额补足"为关键词在无讼案例数据库进行检索的全部相关案例,法院均认定定向增发保底承诺有效。截至 2020 年 1 月 17 日,笔者尚未检索到法院认定定向增发保底承诺无效的案例。

② 2020 年 3 月 1 日起施行文本为第九条,修订前为第十条。

适用本法总则编第六章的有关规定;总则编第一百五十三条第一款规定,违反法律、行政法规的强制性规定的民事法律行为无效。但是,该强制性规定不导致该民事法律行为无效的除外。

根据《九民纪要》第三十条第二款关于"强制性规定的识别"之规定,人民法院在审理合同纠纷案件时,要依据《民法总则》第一百五十三条第一款和《最高人民法院关于适用〈中华人民共和国合同法〉若干问题的解释(二)》第十四条①的规定慎重判断"强制性规定"的性质,特别是要在考量强制性规定所保护的法益类型、违法行为的法律后果以及交易安全保护等因素的基础上认定其性质,并在裁判文书中充分说明理由。下列强制性规定的表述应当认定为"效力性强制性规定":强制性规定涉及金融安全、市场秩序、国家宏观政策等公序良俗的;交易标的禁止买卖的;违反特许经营规定的;交易方式严重违法的;交易场所违法的。关于经营范围、交易时间、交易数量等行政管理性质的强制性规定,一般应当认定为"管理性强制性规定"。

根据上文论述,《证券法》仅规定了投资者自负盈亏的原则,并未就上市公司控股股东等主体做出保底承诺进行明确禁止性规定。尽管《证券发行与承销管理办法》和"再融资新规"均禁止对参与定向增发的投资人做出保底保收益或变相保底保收益承诺或提供补偿,但《证券发行与承销管理办法》及"再融资新规"为部门规章,难以适用上述规定认定无效。

② 针对是否违反公序良俗的分析。

根据《民法典》第一百五十三条第二款规定,违背公序良俗的民事法律行为无效。

《九民纪要》第三十一条规定,违反规章一般情况下不影响合同效力,但该规章的内容涉及金融安全、市场秩序、国家宏观政策等公序良俗的,应当认定合同无效。人民法院在认定规章是否涉及公序良俗时,要在考察规范对象基础上,兼顾监管强度、交易安全保护以及社会影响等方面进行慎重考量。

以上规定的本质均体现为对契约自由进行限制,逾越界限从事的法律行为

---

① 此处为《九民纪要》原文,《民法典》实施后,论证相关保底承诺效力的法律依据应援引《民法典》。

不能达到预期的法律效果。

故此,在投资上市公司过程中,增信义务人对投资者所做的投资保底承诺是否涉及违反金融安全、市场秩序、国家宏观政策等公序良俗,对其效力的认定具有重要意义。

就金融市场秩序而言,增信义务人的保底承诺在本质上使得投资人对上市公司的股权投资异化为明股实债,将形成以下影响:

a. 扭曲了资本市场的定价机制,对于任何一项股权投资而言,其定价内涵都来自风险收益平衡机制,较高风险获得较高收益,高收益是对高风险的溢价补偿;较低风险获得较低收益。而高收益、低风险甚至零风险严重违背市场机制,无形中抬高了市场无风险资金定价,导致资本市场资源配置功能的失效,保底承诺使资金流向一些效率低的企业;

b. 对于投资者而言,明股实债弱化了投资者资本投资的风险意识,其对风险的识别能力大大减弱以及对风险的容忍度越来越低。风险的零容忍,可能导致资金大量离场等极端情形的发生,部分股票的跌停有可能演变成整个金融证券行业的危机。

就对上市公司本身而言,将导致以下危害:

a. 如股价不及预期,增信义务人履行保底义务可能导致负债和现金流恶化,股票质押情况下可能直接影响上市公司控制权稳定性,进而影响上市公司正常经营;

b. 在双向保底承诺①中,除差额补足义务外,增信义务人还可能获得公司股价上涨带来的超额收益,结合增信义务人与上市公司的特殊关系,可能进一步引发虚假陈述、操纵市场等违法行为。

"再融资新规"出台前,尽管《证券发行与承销管理办法》规定上市公司及相关主体不得直接或通过其利益相关方向参与认购的投资者提供财务资助或者补偿,但由于定价限制较高(不低于定价基准日前 20 个交易日均价的 90%),投资人承担风险的意愿不强,因此催生了定向增发保底承诺的交易方式。由于

---

① 双向保底承诺指的是除增信义务人向投资者提供保底承诺外,标的股票解禁时投资者收益超过约定收益的,投资者需要将超过部分的收益按照一定比例与增信义务人分成。

《公开发行证券的公司信息披露内容与格式准则第 25 号》《公开发行证券的公司信息披露内容与格式准则第 36 号》未明确规定上市公司定向增发需披露完整的交易方案,监管部门较少做出行政处罚,而是由交易所根据上市规则做出公开谴责或者监管问询。如 2019 年 9 月 17 日,暴风集团未披露回购安排,暴风集团及其实际控制人以及时任董事会秘书被深交所公开谴责;2019 年 12 月 5 日,格力地产因媒体报道其存在定向增发保底协议被上交所问询等。

本次"再融资新规"放宽定价空间和人数限制,旨在使定向增发回归市场化的股权投资本质,并加强对明股实债行为的监管。结合当前监管趋严的背景及明股实债给资本市场及上市公司造成的切实危害,定向增发保底承诺是否会因违反金融安全、市场秩序、国家宏观政策等公序良俗被认定无效,存在不确定性。

(4)"再融资新规"及《九民纪要》出台后,定向增发保底相关交易措施建议。

结合前述分析,在当前背景下参与上市公司定向增发后,增信义务人对投资人所做的保底承诺的效力存在不确定性,但投资人仍存在风险控制需求,建议在交易安排中可做以下优化,以缓释效力不确定性风险:

第一,补偿触发条件不直接与标的股票减持收入相关。如基于前期投资尽调的不充分及不确定性,根据股权投资的惯例,以违反投资承诺、实施违法行为等作为补偿的触发条件;第二,补偿金额不设置为投资本金加固定收益的固定值。如可结合近一时期交易均值、评估价等约定因素认定补偿金额;第三,设置多种救济途径。如触发补偿情形时,投资人可选择现金、股票、让渡表决权等多种救济途径。

同时,鉴于该等保底条款效力的不确定性,为避免因主债权无效而担保效力受到影响,建议相应担保措施不以该保底承诺作为主债权。

(三)担保物权代持的法律效力

根据《民法典》物权编规定,不动产抵押,动产抵押,无权利凭证的汇票、支票、本票、债券、存款单、仓单、提单质押,基金份额、股权质押,知识产权中的财产权质押、应收账款质押等(下称"需经登记的担保物权")①,均需办理担保物权登记,从而实现物权公示。根据不同担保物权的属性,登记时分别发生担保物权设立或对抗善意第三人的效力。

就作为金融交易重要增信措施的担保物权而言,根据《民法典》物权编的立法精神,担保物权具有从属性,担保物权人与被担保债权的债权人应为同一主体,担保物权与被担保的债权不得分离。

随着市场经济的迅猛发展,诸多交易结构的创新对传统法律制度、法律条文的理解与适用提出了挑战。实践中,登记机关对担保物权人设置主体资格限制性条件②,债权人因其分散性、不确定性、群体性而无法申请办理担保物权登记③,作为委托贷款受托人的银行基于监管及风控原因要求以银行名义办理担保物权登记,或出于当事人意思自治所做特殊交易安排,出现了债权人委托符合登记机关要求的主体或债权人指定主体"代持"担保物权的情况,导致登记的担保物权人与实际债权人不一致。例如:在资管产品对外投资标的公司的过程中,资管产品与标的公司原股东进行业绩对赌,约定标的公司未达相应业绩标准的,由原股东对资管产品进行现金补偿或回购资管产品所持全部或部分股权,为担保现金补偿义务或回购价款的履行,原股东以其持有的不动产提供抵押担保,但因登记机关拒绝接受经营范围不含放贷业务的主体作为抵押权人,资管产品委托管理人的员工代为持有担保物权。

在这种情形下,权利人能否主张行使登记在他人名下的担保物权成为法律纠纷中新出现的难点。本书拟以较为常见的抵押权、股权质权为重点考察范围,结合相关司法案例,对担保物权代持的法律效力以及权利人能否行使登记在代持人名下的担保物权问题进行梳理和论证,以期为金融实务提供相应

———

① 因动产质押、有权利凭证的汇票、支票、本票、债券、存款单、仓单、提单质押、留置权等担保物权以转移占有、交付权利凭证等方式实现物权公示,无须办理登记,不存在"代持"担保物权的必要,无须登记的担保物权不在本文讨论范围内。为免异议,本文上下文使用的"担保物权"一词,仅限于需经登记的担保物权。

② 部门规章及规范性文件对抵押权人的类型做出了限制性规定,如不接受自然人登记为土地抵押权人、不接受无发放贷款业务资质的机构登记为抵押权人、不接受为数量超过特定限额的债权人办理抵押登记等。

③ 如网络借贷平台的投资人、公司债券持有人等。

参考。

1. 担保物权代持情形下担保物权归属的司法实践考察

（1）检索概况。

据不完全检索①，对以"债权人委托他人代为持有担保物权"为必备案件事实所搜集的 32 个案件概况梳理如下：

① 从裁判时间来看，2015 年度（含）以前的案件 10 件，2016 年度、2017 年度、2018 年度、2019 年度的案件分别为 3 件、7 件、11 件、1 件。

② 从法院层级②来看，最高人民法院 5 例，高级人民法院 6 例，中级人民法院 13 例，初级人民法院 8 例。

③ 从涉及的担保物权类型来看，涉及不动产抵押的案件 21 例，涉及特殊动产（机动车、船舶）的案件 10 例，涉及股权质押的案件 1 例。

④ 从法院裁判结果来看，具体情况如表 6-5 所示。

表 6-5　担保物权代持情形下担保物权归属的裁判结果及其占比

序号	裁判结果	案例数	占比	备注
1	支持债权人行使登记在他人名下的担保物权	21 例	65.625%	一审驳回、二审改判支持的案例 4 例；最高人民法院案件 5 例
2	未支持债权人行使登记在他人名下的担保物权	8 例	25%	—
3	法院未就担保物权问题进行实体审理③	2 例	6.25%	一审支持、二审改判不支持的案件 1 例

---

① 以《物权法》第一百七十九条""抵押权人/质权人和债权人不一致""抵押权/质权代持"等作为关键词，从威科先行网站（https://law.wkinfo.com.cn/）及公开发表的文章中获取。

② 为免异议，同一案件以该案涉及的最高级别的法院作为统计对象。

③ 法院未进行实体审理理由为，原告起诉时未将担保物权代持人列为当事人，关于原告是否享有登记的担保物权，应由原被告及案外人（担保物权代持人）三方主体另案解决，本案不予处理。如：马莉与孙敏民间借贷纠纷，北京市第三中级人民法院（2018）京 03 民终 12101 号民事判决书；孟祥彬与程实民间借贷纠纷，北京市朝阳区人民法院（2018）京 0105 民初 43569 号民事判决书。

序号	裁判结果	案例数	占比	备注
4	一审支持、二审法院裁定驳回起诉①	1 例	3.125%	—
	合计	32 例	100%	—

（2）法院裁判要旨的考察。

上述案例中，就银行委托贷款中发生的担保物权代持情形，法院裁判立场及裁判思路统一，均支持委托人（即债权人）行使登记在受托贷款银行名下的担保物权，法院通常援引《合同法》第四百零二条②关于间接代理之规定，认为在委托人与受托贷款人之间存在委托法律关系且债务人/担保人明知该等委托关系的情形下，受托贷款人以自己名义签署的合同应直接约束委托人与债务人/担保人，受托贷款人的代理行为产生的法律效果归属于委托人。但在非银行主体的其他交易背景的案件中，法院裁判立场及裁判要旨均呈现不一致的状态。

本书仅就法院支持或未支持债权人行使登记在他人名下的担保物权的案件，且非银行委托贷款的案件，进一步考察法院裁判要旨。

① 法院判决支持的理由。

总体来看，法院主要以如下一种或几种理由论证债权人有权行使登记在代持人名下的担保物权：

a. 为保障债权人合法权益，授权他人以自己的名义办理担保物权登记不违反法律法规的强制性规定。③

---

① 郑环与许燕、赵善华民间借贷纠纷，江苏省南京市中级人民法院（2017）苏 01 民终 352 号民事裁定书，其中，二审法院认为，《最高人民法院关于审理民间借贷案件适用法律若干问题的规定》第五条规定，人民法院立案后，发现民间借贷行为本身涉嫌非法集资犯罪的，应当裁定驳回起诉，并将涉嫌非法集资犯罪的线索、材料移送公安或者检察机关。根据二审查明事实，案涉借贷事实涉嫌非法集资犯罪，本案不属于民事案件审理范围，依法应裁定驳回起诉，并移送公安机关处理。

② 《民法典》实施后，对应的法条为《民法典》第九百二十五条。

③ 寇京京与王滨抵押权纠纷，北京市东城区人民法院（2018）京 0101 民初 1631 号民事判决书；青岛鸿泰投资担保有限公司与王文惠、文斌等纠纷，山东省高级人民法院（2014）鲁民一终字第 553 号民事判决书。

b. 委托他人代持担保物权所形成的债权人与登记的担保物权人形式上的不一致，未突破担保物权的从属性。在代持人向登记机关提供的登记申请材料（如抵押合同）、担保物权登记公示信息明确载明为债权人与债务人之间的债务提供担保或附言备注了债权人信息的，[①]或主合同（债权人、债务人签订）与担保合同（债务人/抵押人、代持人签订）签署时间一致、数额一致，债权人、担保物权人、担保人三方已形成一致意见的，[②]法院认为担保合同与债权人、债务人签署的主合同等能够构成主从合同关系，此时未突破担保物权从属性。

c. 委托他人代持担保物权并办理担保物权登记，对外具有公示公信作用，能够实现抵押权公示目的，在没有依赖登记的善意第三人主张权利的情况下，应依据当事人之间的约定确定权属。[③]

d. 为他人代持担保物权，形成委托代理关系。部分法院援引委托代理相关法律规定，认为代持人行为的法律效果应归属于委托人，代债权人持有担保物权，产生与债权人自己持有担保物权相同的效果。[④]

e. 还有法院从如下角度出发认为，登记的抵押权人虽为第三人，但债权人、债务人/抵押人、第三人签署的补充协议、备忘录等三方协议均约定债权人为实际抵押权人，根据《物权法》第一百九十二条"抵押权不得与债权分离而单独转让或者作为其他债权的担保……当事人另有约定的除外"[⑤]之规定，认为属于当事人另有约定的除外情形，债权人要求确认登记在第三人名下的抵押权归属于

---

① 马立虎、杨佳淇第三人撤销之诉，最高人民法院（2017）最高法民申 1859 号再审审查与审判监督民事裁定书。

② 胡建军、钟新萍与王岳明、蔡玲民间借贷纠纷，湖南省岳阳市君山区人民法院（2014）君民初字第 336 号民事判决书。

③ 王福海、安徽国瑞投资集团有限公司民间借贷纠纷二审法院观点，最高人民法院（2015）民一终字第 107 号民事判决书。

④ 李明与江苏格雷特起重机械有限公司、南通华凯重工有限公司追偿权纠纷二审法院观点，江苏省南通市中级人民法院（2018）苏 06 民终 4389 号民事判决书。

⑤ 《民法典》实施后，对应法条为《民法典》第四百零七条："抵押权不得与债权分离而单独转让或者作为其他债权的担保。债权转让的，担保该债权的抵押权一并转让，但是法律另有规定或者当事人另有约定的除外。"

债权人具备事实及法律依据。①

值得说明的是,部分法院在支持债权人诉请时将登记的担保物权人与债权人分离的原因是登记机关对担保物权人设置限制性条件作为重要考虑因素。

在法院支持债权人行使担保物权的案例中,不乏存在为满足登记机关要求由担保物权代持人、债务人/抵押人另行签署主合同用于登记的情形,对于该等主合同的效力,有法院从当事人意思自治出发,认为当事人的真实意思不在于设立新的主债权,该等主合同系为办理担保物权登记所签署,代持人、债务人/抵押人之间无实质的债权债务关系。

② 法院判决不支持的理由。

法院主要援引《物权法》第一百八十七条,不动产"抵押权自登记时设立"或第二百二十六条,股权"质权自工商行政管理部门办理出质登记时设立"、第一百七十九条"债权人为抵押权人"、第一百九十二条"抵押权不得与债权分离而单独转让或者作为其他债权的担保"等②作为法律依据,从担保物权未登记于实际债权人名下从而未有效设立③或不发生对抗效力④,担保物权人与债权人不一致的情形违反担保物权从属性⑤、违反物权法定及物权公示原则、违反法律禁止性规定⑥等角度出发,论证债权人无权行使登记在他人名下的担保物权。

在担保物权从属性原则如何理解的问题上,有法院直接以登记的担保物权

---

① 左志兴与邓学君借款合同纠纷,河北省唐山市路南区人民法院（2018)冀 0202 民初 1736 号民事判决书。

② 《民法典》实施后,对应的法条为《民法典》第四百零二条、第四百四十三条、第三百九十四条、第四百零七条。

③ 淮安天参农牧水产有限公司与陈彬香、谢以文等追偿权纠纷,江苏省淮安市中级人民法院(2017)苏 08 民终 1042 号民事判决书。

④ 左志兴与韩雪及黑龙江乐信嘉禾投资咨询有限公司吉林市分公司借款合同纠纷,吉林省吉林市昌邑区人民法院(2018)吉 0202 民初 1171 号民事判决书。

⑤ 原告吕阳诉被告杨国林、徐晓令民间借贷纠纷,辽宁省锦州市古塔区人民法院(2016)辽 0702 民初 113 号民事判决书;王福海、安徽国瑞投资集团有限公司民间借贷纠纷案一审法院观点,最高人民法院(2015)民一终字第 107 号民事判决书。

⑥ 殷亮与王兰普、上海融腾投资有限公司等民间借贷纠纷,江苏省无锡市中级人民法院(2018)苏 02 民终 3394 号民事判决书;唐宁与杨俊玲借款合同纠纷,天津市和平区人民法院(2015)和民一初字第 1024 号民事判决书。

人与债权人不一致，即认定违反从属性；有法院则不拘泥于形式上的登记要件，而是从实质出发对债权人和抵押权人是否实质同一进行审查认定，最终因真正的主债权与抵押登记时提交的借款合同载明的债权数额、形成时间均不一致，无法判定实质同一从而判决不予支持。[①]

（3）小结。

从上述法院裁判思路来看，尽管仍有法院直接以登记的担保物权人与债权人不一致为由认定违反担保物权从属性，从而不予支持债权人实现担保物权的诉请，但越来越多的法院从当事人意思自治出发，结合当事人签署的交易文件内容、交易背景、担保物权登记文件（提交的担保合同、担保物权公示信息）与真正的主债权要素一致性等考量因素，重点审查担保物权人与债权人的不一致系"形式"还是"实质"，最终做出判决。

2. 担保物权代持的基本模式及法律效力

（1）担保物权代持的基本模式。

根据上述案例呈现的代持模式，结合实务经验，实践中担保物权代持通常采用如下模式：

① 模式一。具体如图 6-8 所示。

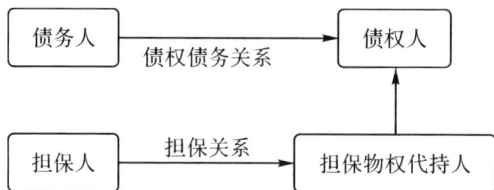

图 6-8　模式一结构示意图

第一，债权人与债务人签订主合同，确立债权债务关系；第二，债权人、代持人签署委托代持协议（或由债权人、代持人、债务人/担保人共同签署三方协议，合同名称以实际情况为准），约定代持人系代债权人持有担保物权，债权人为真正的担保物权人；第三，担保人与代持人签订担保合同，约定所担保的主合同即

---

① 严青与贾为山民间借贷纠纷一审法院观点，江苏省南京市中级人民法院（2017）苏01 民终 1388 号民事判决书。

为前述债权人与债务人签订的主合同,并办理担保登记。

模式一项下,主合同、委托代持协议、担保物权登记文件能够形成完整的证据链条,证明担保合同与主合同的主从合同关系。

② 模式二。具体如图 6-9 所示。

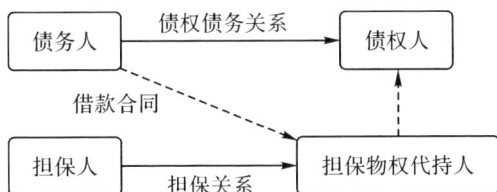

图 6-9　模式二结构示意图

第一,债权人与债务人签订主合同,确立债权债务关系;第二,债务人、代持人另行订立一份用于办理担保物权登记的主合同(通常为借款合同,下称"虚假主合同");第三,担保人与代持人签订担保合同,约定所担保的主合同为前述虚假主合同,并办理担保登记。

模式二的主要问题在于,登记的担保物权所担保的主合同为另行订立的虚假主合同,如何建立担保物权与真正的主合同之间的从属关系。目前,部分法院首先以虚假主合同未实际履行、签署目的不在于设定主债权等理由,认为虚假主合同无效或不发生效力;其次,以真正的主合同与虚假主合同、担保物权登记要素的一致性、当事人真实意思系为真正的主合同提供担保等理由,论证存在从属关系。

③ 模式三。具体如图 6-10 所示。

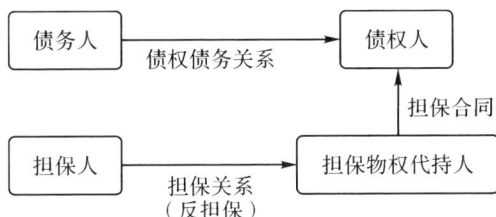

图 6-10　模式三结构示意图

第一,债权人与债务人签订主合同,确立债权债务关系;第二,债权人与代持人签订保证合同,约定由代持人为债务人在主合同项下的义务提供担保;第三,由担保人与代持人签订担保合同作为反担保,并以此办理担保登记。

模式三项下,抵押权代持人作为主合同的保证人,债权人通常按照保证合同要求代持人承担保证责任,代持人向债权人承担保证责任后,有权依据反担保合同主张行使担保物权。该模式的主要问题在于,债权人原则上无法直接行使担保物权,债权人权利的实现一定程度上与代持人履行能力挂钩,同时,代持人在该等交易模式项下可能承担履行保证责任的法律风险。

在模式三项下,确有法院突破多层具备相对性的法律关系支持债权人直接行使担保物权的案例。①

(2)担保物权代持的法律效力。

目前,明确认可担保物权代持的规范性文件有《最高人民法院关于〈国土资源部办公厅关于征求为公司债券持有人办理国有土地使用权抵押登记意见函〉的答复》(〔2010〕民二他字第 16 号),该答复明确:"在法律没有禁止性规定以及当事人之间没有禁止代为办理抵押登记约定的情形下,应认定公司债券受托管理人可代理全体公司债券持有人申请办理土地抵押登记。"从该答复来看,最高人民法院认为,法律未禁止代为办理抵押登记,但因该答复适用情形限于公司债券,能否类推适用于担保物权代持的全部交易背景,尚待进一步论证。

2021 年 1 月 1 日,《最高人民法院关于适用〈中华人民共和国民法典〉担保部分的解释》生效,其中,第四条对担保物权的受托持有进行了明确规定,有下列情形之一,当事人将担保物权登记在他人名下,债务人不履行到期债务或者发生当事人约定的实现担保物权的情形,债权人或者其受托人主张就该财产优先受偿的,人民法院依法予以支持:①为债券持有人提供的担保物权登记在债券受托管理人名下;②为委托贷款人提供的担保物权登记在受托人名下;③担保人知道债权人与他人之间存在委托关系的其他情形。

综合对司法实践的考察、对担保物权原理的理解,在因担保物权代持而发

---

① 严建汶与胡锡平、湖南泉盛置业有限公司、湖南兆富投资担保有限公司民间借贷纠纷,湖南省株洲市中级人民法院(2017)湘 02 民初 281 号民事判决书;湖南湘虹葛业股份有限公司与湖南和美房地产开发有限公司、怀化淑商经济投资担保有限责任公司委托合同纠纷,湖南省怀化市中级人民法院(2014)怀中民二初字第 198 号民事判决书。

生登记的担保物权人与债权人不一致的情形下,笔者倾向于认定债权人能够行使登记在代持人名下的担保物权。《民法典》担保部分司法解释的规定具体分析如下。

①《民法典》第九百二十五条关于间接代理的规定,允许委托人委托受托人在授权范围内以受托人名义与第三人从事法律行为,为担保物权代持的交易安排提供了天然的制度框架,在债务人/担保人明知代理关系的情形下,担保法律关系应直接约束债权人和代持人。

② 尽管存在前述制度框架,仍应进一步考察相关交易安排是否存在无效情形。

根据检索,未发现明确禁止委托他人代持担保物权的法律、法规。同时,担保物权代持的常见交易安排不存在根据《民法典》关于法律行为的效力判断规则应认定无效的情形。具体而言:

① 如担保物权根据《民法典》规定完成相应登记,则未违反担保物权法定及物权公示公信原则。本书讨论范围内的担保物权,法律要求以"登记"的方式将权利限制的状况向社会公众进行公示,使得社会公众知晓相关不动产、特殊动产、权利之上是否设定担保物权、担保物权的顺位和担保的金额,以维护交易安全。在担保物权代持情形下,担保物权登记在代持人名下,从公示角度上看,社会大众已可以通过该等登记知晓相关不动产、特殊动产、权利之上已设定担保物权的事实,至于担保物权人是债权人还是代持人并不影响交易安全。

担保物权登记的公示公信效力,系指对于善意第三人而言的,应以登记作为确权依据;不存在信赖登记的善意第三人的情形下,确认登记的权利人与实际权利人不一致的,应以当事人内部约定确认担保物权归属。

② 如债权人能够提供相应证据证明登记的担保物权与债权人、债务人签署的主合同之间具备从属关系,则债权人与登记的担保物权人不一致仅属于形式上的分离,未突破担保物权从属性原则从而导致无效。有助于法院认可具备从属性的证据如下:第一,代持人向登记机关提交的担保合同明确载明担保物权系为债权人、债务人签署的主合同项下债权提供担保;第二,债权人、债务人、代持人签署的三方协议,载明债权人与登记的担保物权人分离的原因、代持人系为债权人持有担保物权、担保物权归属债权人等;第三,担保合同及担保物权公

示信息表征的主债权金额、债权形成时间等与真正的主合同具备一致性等。

③ 抽离特殊交易背景，银行委托贷款或公司债券发行情形下发生的担保物权代持与其他交易背景项下发生的担保物权代持并不足以导致做出不同认定的实质区别，在相关问题的认定上应做同等处理。

在金融交易模式方式不断创新的形势下，笔者认为，在出现抵押权人与债权人分离时应在遵循现行法律框架的前提下通过法律解释保护真正的权利人。

3. 担保物权代持交易安排的法律风险防控建议

《民法典》担保部分司法解释的上述规定无疑揭示了最高人民法院的倾向性，结合该等规定以及上述论证，在不得不采用担保物权代持交易安排下，建议通过如下方式规避法律风险：

（1）如登记机关允许，在提交登记的担保合同中明确载明所担保的主合同为债权人、债务人签署的主合同；担保物权登记公示信息中体现真实债权人信息等。

（2）由债权人、代持人、担保人/债务人签署备忘录、委托代持协议等三方协议，固定债权人与代持人之间的委托代理关系及担保人/债务人对此明知的事实，该协议建议包括但不限于如下内容：①债权人、登记的担保物权人分离的真实原因；②债权人委托代持人代为持有担保物权，担保物权归属于债权人；③担保物权所担保的主合同为债权人、债务人签署的主合同，如因登记机关要求另行签署借款协议等作为主合同的，该等合同仅作办理登记之用；④代持人的违约责任。

（3）除上述三方协议外，在交易文件中尽可能体现债权人与债务人签署的主合同与担保合同的主从关系，如形成时间、担保数额一致性等。